韓流

四柱推命

超解釈！

選択を迷わない人生の読み解き方

四柱推命研究家
鄭鏞河 チョン・ヨンハ

みらい
PUBLISHING

Contents

Contents

序章

四柱推命は
果たして信じていいのか？

　四柱推命に少しでも興味がある人なら一度はこんな疑問を抱いたことがあるだろう。

　大都市、地方、地域を問わず、占いの店、哲学院、四柱カフェ、神堂など四柱を見ることができる場所は数え切れないほどある。

　地球の裏側、どこの国でも見ることができるので、むしろないところを探す方が難しいほど、その需要はすごい。

　では、人々が四柱推命を見てもらっても、常に疑問を抱く理由は一体何だろうか。

　四柱推命の歴史が数千年あり、長い年月で庶民の生活の中に溶け込んできたのだから、その実体はきっと存在するはずなのに…。

　一部の四柱推命の初学者が、実力がまだ熟していないうちに、急いで他人の四柱推命を見るようになり、精度に問題が生じたからだろうか？

　ここで一つ確かめておきたい点がある。

　四柱推命というもの自体が本来、正確さとはある程度距離があるということだ。これはまたどういうことだろう？

　人々は占いと四柱推命を同一視する。

●占い：ある現象や質問に対して○か×（Yes or No）で単刀直入に
　短答式に答えなければならない。

●四柱推命：ある現象や質問に対して、客観的でＡかＢのようにといっ
　た選択式の答えを出さなければならない。

　例えば、「私は今回、他の会社からスカウトの提案を受けたのですが、

転職をした方がよいでしょうか？」という質問が来たら、「新しい会社に移れば仕事がうまくいくだろうし、転職せずに今の会社にいたら仕事が大変だろう」または、「転職をすると、そう遠くないうちに、また辞めることがあるだろうから、今の会社でじっとしている方がいい」など、多肢にわたる選択肢から客観的な答えを出すべきなのに、短い質問を受けたからといって答えも短く終わらせてしまうと、占いと四柱推命をよく区別できない一般の方の立場では当然混乱するしかない。

　問題の中に答えがあると言われるように、<u>質問を具体的によく整理して受け取らないと</u>、正しい答えを出すことができない。

　あるテレビ放送の中で、オリジナル歌手の声を探し出す番組がある。顔を隠した状態でオリジナル歌手と模倣歌手が歌を歌い、ゲストがオリジナル歌手を探し出すという番組だが、四柱推命はそれと似ている。
　オリジナル歌手をピンセットでつまみ出すのが占いと言えるし、オリジナル歌手と声が一番近い人を見つける（←これもすごい腕前だ）のが四柱推命と言える。

　この違いを理解せず、四柱推命と占いを混同することで、四柱推命の信頼性に問題が生じているようだ。
　四柱推命と占いは、カトラリーと箸のように、お互いを補うものとして混用すればいい関係だ。

　繰り返しになるが、占いは矢を撃って的を射ることであり、四柱推命はあなたが停留場でバスを待っているときに「タクシーに乗ると高いからバスに乗れ」、あるいは「バスに乗ると席がなくて立って行くかもしれないからタクシーに乗れ」というようなアドバイス、そしてそれに伴う不利益や事故に関する対応策を知るものと言える。

四柱命式を見るためには、どれだけ勉強すればいいのか？

　ある日のテレビ放送で韓国の四柱推命従事者は50万人を超え、その経済規模だけで4千億円を超えると伝えていた。かなり前の放送なので、今はもっと増えていると思われる。書店でも四柱推命学関連の書籍コーナーが特設されていて、その人気は半端ではない。

　私たち人間は未来に対する疑問を持たずにはいられないし、生きていると大小様々な選択の瞬間にいつも悩むことになる。小さな決定はそうでなくても、重要な事柄を「先のことはわからないから、何をしてもいいだろう」と無闇に決める人はいないだろう。だから、私たちはその解決策や対応策として四柱推命や占い、タロットなどに目を向け答えを求める。

　未来に関心の多かった私は、人生の解決策、対応策を知るために本当にたくさん四柱や占いに通った。しかし、いつも感じるのは、後がすっきりしないということだ。相変わらず悩みが解決されず、もどかしい心境だった。
　そこで私が直接、四柱推命を学ぼうと決心し、ソウルの有名な四柱推命学院を訪ねた。そのように受講の申し込みをしたある日、60歳を過ぎたと思われる紳士が院長を訪ねてきて、こんなことを言っているのを耳にした。

紳士：院長先生、私は四柱推命を30年勉強しましたが、まだ四柱解釈ができません。本当に辛いです。助けてください。

院長：……。（無言）

この会話を聞いて私は2つの疑問を抱いた。

❶ 30年勉強しても四柱解釈ができないほど四柱推命の勉強はそんなに難しいのか？

❷ この紳士、見た目は普通に見えるけど、もしかして、頭が悪いのだろうか？

その会話を聞いてから5〜6年の歳月が経った。序盤には、勉強した理論が与える小さな達成感に陶酔し、面白くて不思議で時間が経つのも忘れた。しかし、ある瞬間に四柱の解釈の壁にぶつかった。より進んだ深い解釈（読み解き）をすることができなかったのだ。

数年前に学院を訪れたあの紳士を思い出し、私も結局あのようになるのではないかという不安感に襲われた。

そうしてまた、不安な時間を過ごしていたある日、一つ悟ったことがある。深みのある四柱解釈ができるようになるまでの期間は、本人の努力次第で早いかもしれないし遅いかもしれないが、特に「何年」と決まっていないということだ。

四柱推命の勉強を始める人が一番多くする質問は、漢字を知らなくても勉強できるのかということだが、答えは「もちろんできる」だ。

天干10字、地支12字、合計22字の漢字と木火土金水五行の相生相剋を理解すれば、四柱はそれで終わりと言ってもいい。安易に考えるのも良くないが、虎を見るように恐れる必要はない。天干五行10文字の相生相剋（生剋制化）をよく理解するだけで、身近な家族や周囲の知人の四柱を見るくらいの実力は身につけられるようになるだろう。

『実戦四柱推命術』
四柱を早くたやすく見る方法

五行の相生相剋

　四柱推命を勉強する多くの人にとって最も大変なことは、10年以上勉強して数百万円のお金を使いながら学院や塾に通い、有名な大学講座や放送、YouTubeなどを通して実力のある先生を探してみても、まったく四柱解釈（読み解き）の実力は伸びないということだ。

　「四柱解釈」とは、人が持って生まれた8文字を自然そのままの姿で解釈することを言う。ところが、学んだ理論と公式に縛られ、文字そのままの姿を見なければ、無駄な歳月を過ごし、「あぁ、四柱の勉強を何で始めたのか」と後悔するかもしれない。しかし、そのときにはもう手遅れだ。そうならないためには四柱を容易に早く見る方法を知らなければならないが、それには、木火土金水五行の生剋制化を基本に日常で起きる自然現象を理解することだ。

では、早速誰もが知っている有名人の四柱に一度適用してみよう。

例1）女性					
時	日	月	年	大運	年運
丙	乙	甲	辛	戊	丁
戌	未	午	丑	戌	丑

　太陽の光が照りつける午月（6月）、赤いバラの乙木として生まれた美しい花だ。

　年干の辛金は宝石または刃物で、月干の甲木は果物の木、日干の乙木は花であり、時干の丙火は太陽だ。鋭い年干の辛金の刃物により乙木の花びらが落ちそうで危険だが、月干の甲木（親、兄弟、同僚）が代わりに刃に当たってくれたので危険を免れた。だから、親福があり、父親が伯爵位を持つ貴族だ。

　月干の甲木は親・兄弟宮にもなるが、私ではない他の女性（他人＝比劫_{ひごう}）とも見るが、私の夫の星である官星の辛金が私ではなく他の女性を意味する甲木と側で一緒にいるため、夫と仲が良くないか、又は初婚失敗の命運だ。

　また、枝を意味する乙木が木の幹を意味する甲木に寄りかかっている

姿だ。甲木が支えてくれているので、安心感から行動は大胆だ。外に頼る男性がまたいる。

　いつまでも続くと思われた華麗な姿と栄光は、32歳から始まる戊戌の大運、原局の年干の辛金が大運の天干の戊土に出会い、沃土は石の地となり、37歳の丁丑年、地支（下段）丑戌未の三刑で花びらが飛んで根が完全に抜かれてしまった。

　お気の毒に若くして交通事故で亡くなったイギリスのダイアナ元妃の四柱命式だ。

※庚申金と甲乙木が一緒にいるとき、原局と大運で戊土に会えば岩山であり、甲乙木がなく
　庚申金と戊土さえあれば鉱山だ。

例2）男性					
時	日	月	年	大運	年運
辛	己	乙	戊	—	—
未	巳	卯	午	—	—

　卯月（3月）に己土の日干（私）として生まれた。日干の己土の願いは乙木の花が太陽の光をたっぷり浴びて美しい姿に育ち人々を喜ばせることだ。

年干の戊土は大きな山で、月干の乙木はきれいな花、日干の己土は道辺または野原であり、時干の辛金は宝石（または鋭い刃物）を意味する。上の四柱を自然現象で考えれば、戊土の大きな山と己土の野原に咲いた花（乙木）を辛金が花びらと枝を切って折る姿だ。私の願いの対象である花を刃物で切るので、この四柱の主人公は一生人生が苦しくて成功のない人と読み解く。

　それなら同じ四柱の人は数十人もいるし、上記のような四柱を持つ人は皆苦労しなければならないのだろうか？　もちろんそうではない。

　同じ四柱でも生きる姿はそれぞれ違う。その理由は以下の通りだ。

❶親が違う。

❷配偶者が違う。

❸職業が違う。

❹子供が違う。

❺住む所（環境）が違う。

　ここで注目すべきなのは、1番、2番、4番は自分で勝手に変えられない反面、3番の職業と5番の住む環境は自分で選択できるという点だ。

　上の四柱は大きな成功もない人生と判断するかもしれないが、実際には早くから外国に移民して貴金属卸売業を営み、食べていくには何の支障もなく中流階級で安泰な生活をしている。

　四柱命式自体が「辛未」二文字を除いて、すべて外国を意味する文字だけで構成されており、月干の乙木は国内、時干の辛金は国外を意味する。

　時干の辛金が月干の乙木を絶えず乙辛沖・金剋木で叩いているので、国内にいたら殴られながら辛い生活を送るところだったが、外国に行ったのが神の一手だ。

　上記のように複雑で難しい四柱用語と神殺（吉凶星）はなるべく取り除き、四柱と自然現象を代入することで私（本人）と周辺家族、兄弟、

序　章

友人、子供などとの関係と成功と失敗、挫折、喜び、怒り、結婚、離婚、昇進、老後など人生の喜怒哀楽を調べることができる。

　雪が降る、雷が鳴る、稲が育ち収穫する、花が咲き散るという自然現象に置き換えて解釈するので、あまり難しく複雑に考える必要はない。

COLUMN

四柱推命（四柱八字）の歴史

　四柱推命とは？　人が生まれた時点で生年月日時がそれぞれ存在するが、このとき、天干と地支が合わさって四柱になる。これらを年柱、月柱、日柱、時柱と呼び、運命を支える四本の柱といって四柱と呼ぶ。また、四柱は全部で8文字なので、八字とも呼ばれている。

　「四柱」を構成する「八字」は、その人の職業、富、財産、性格、器の大きさなどを示し、10年に一度訪れる大運と年に一度の年運という観点から、起こる出来事の吉凶と成否を論じることができる。

　四柱推命学の最も代表的な古典には、『適天髄』、『欄江網』、『子平眞詮（しんせん）』、『淵海子平（えんかいしへい）』、『三命通会』、『命理正宗』などがある。

　四柱推命学を学ぶと、自然と中国の歴史に触れることになる。

❶中国の伝説を意味する殷・周時代から『河圖洛書（かとらくしょ）』周易の『卦辞』、『爻辞』が著述され、その始まりを知らせる。

❷紀元前春秋戦国時代に范蠡の師匠であった鬼谷子（きこくし）、珞琭子（らくろくし）を始め、陰陽五行の歴史がかなり昔から始まったことがわかる。

❸隋・唐時代に李虚中（りきょうちゅう）が年柱を中心に運命を把握する唐四柱が作ら

14

れ、今でも中国の民間では広く使われている。

❹宋時代には、北斗七星を中心に占う紫微斗数が登場したが、宋時代以前の四柱の解釈は相談者の生まれた「年」を中心としていたが、しかし宋時代になると、生まれた「日」を中心に四柱を解釈するようになった。 また、この頃から人々の運命判断は、占星術と四柱の緊密なバランスが崩れ、四柱が占星術を圧倒するようになった。

❺明・清時代には、宋時代から始まった日柱を基準に四柱を見る視点が完成される時期であり、このとき、数多くの四柱の書籍が誕生し、四柱推命学の四大宝典と呼ばれる『子平眞詮』、『適天髄』、『窮通寶鑑』、『淵海子平』などが世に出た。

❻近現代の有名な暦術人としては徐樂吾（ジョ・ガクゴ）、韋千里（イ・センリ）、袁樹珊（エン・ジュサン）などがおり、代表的な書籍としては徐樂吾の『滴天髄補註』、韋千里の『八字提要』、袁樹珊の『命理探原』などがある。

日本：阿部泰山『四柱推命学全集』、高木乗『新・四柱推命学』
韓国：イ・ソクヨン『四柱捷經』、パク・ジェワン『命理要講』

第 1 章

実践

四柱推命

解釈

甲・乙

四柱を早くたやすく見る方法
〔1節〕…甲

甲 乙 丙 丁 戊 己 庚 辛 壬 癸

　プレイストアで無料の萬歳暦をダウンロードして生年月日を入力すると四柱八字が立てられる。とても簡単に自分を意味する日干（日柱）と他の五行を確認することができる。

　四柱の勉強をしていて一番辛かったのは、勉強が難しいというより、周りの視線が四柱を迷信と見なして軽蔑することだった。私が好きで始めた勉強なので、誰を恨んだりするわけではないが、親しくしている知人たちからでさえも「そんな迷信をなぜ勉強するのか」という目線を感じた。

　それでも「せっかく始めたのだからやってみよう」という気持ちでここまで来たのだが、意外と同じような仲間が多くて元気をもらった。

　人々が四柱を迷信と思う理由は、巫俗と四柱を混同しているからだと考える。

巫俗：神霊に仕え、吉凶を占ったり、悪魔祓いなどをし、巫女を中心に
　　　伝承される宗教的現象。

四柱：人が生まれた年月日時の四柱（干支）、またはこれに基づいて吉
　　　凶を占う。

※コラム 「巫俗（巫堂）と四柱推命の違い」でも解説。

　四柱は、生年月日を萬歳暦（アプリ）で変換して四柱八字を立て、その文字を解釈することである。文字解釈が迷信扱いされるのは残念だが、

確かに世の中にはそのような大きな壁が存在することを認めよう。

　四柱推命関連の書籍は数え切れないほど多く、数多くの理論が乱立しているが、私が選んだ四柱八字の見方は自然そのままの姿を見ることである。

　もちろんこの方法が最善の方法ではないかもしれない。

　四柱推命を長く勉強した見識ある人からみると、私のような四柱の見方、解釈の仕方を「それは、ちょっと私の解釈と違う」と言われるかもしれないが、同じ大学を出ても専攻がバラバラであるように、四柱推命もそうである。

　四柱推命において、干支とは、天干と地支を略した言葉で、天干は天の気、地支は地の気を意味する。

　四柱推命の上段にある天干は、他人に見える（表れている）気である。甲乙丙丁戊己庚辛壬癸で、10個の文字からなり、十干または十天干とも呼ばれる

　天干には、天から現れる五行の気運があるが、甲乙は木の気、丙丁は火の気、戊己は土の気、庚辛は金の気、壬癸は水の気である。 したがって、甲乙木、丙丁火、戊己土、庚辛金、壬癸水とも呼ばれる。

天干	甲	乙	丙	丁	戊	己	庚	辛	壬	癸
五行	木	木	火	火	土	土	金	金	水	水
陰陽	＋	－	＋	－	＋	－	＋	－	＋	－

　地支は、寅卯辰巳午未申酉戌亥子丑があり、十二地支と呼ぶ。

　下段にある地支は、天干とは異なり、表には出てこないので、私の内面と、天干の文字の持続性と永続性、そして力の大きさを意味する。

　現代の陽暦基準では、寅-2月、卯-3月、辰-4月、巳-5月、午-6月、

未－7月、申－8月、酉－9月、戌－10月、亥－11月、子－12月、丑－1月
を指す。

　四柱は自然そのままの姿で、天干は10文字で成り立っている。その
10個の天干の一番目の星、まずは甲木から見てみよう。

甲木：丈夫な丸太、材木

*** 甲木の形状 ***

　雷、稲妻、始まり、碑石、電柱、テント、公務員、教育者、塾、知識
事業、経済、経営、国語・国文学、新聞放送、心理、医療業、メディア、
仲介、アパレル、燃料（エネルギー）、税法、言語。

*** 甲木の性格 ***

①頑固でプライドが高く、融通が利かず原則主義者である。

②保守的で、よくすねる。　無愛想だ。

③外で活動するときはマナーが良く、他者の言葉を信じやすい。

④過去に執着するより、未来発展的で懐が広い。

⑤純真、純粋、単純である。

四柱を早くたやすく見る方法
〔2節〕…甲

　四柱八字は天干（上段）10文字、地支（下段）12文字、合計22文字で構成されているが、とりあえず地支は除いて天干から先に学んでみよう。

甲 乙 丙 丁 戊 己 庚 辛 壬 癸

　四柱八字の五行 木 火 土 金 水 の中で木を先に見てみると、すべての五行は木を育てるために存在する。木火土金水五行の中で唯一甲乙木だけに生命がある。火は温度と光合成を、土は根を張るために、金は木を切るために、水は養分を供給するために存在する。

　木は甲木と乙木にわかれているが、甲木の使命は春から秋まで適切な条件で成長し、多くの実がなることが第一の使命であり、それができれば財物を得る良い四柱と判断できる。また、丈夫な木材として使用できれば名誉を得て、薪として使用できれば専門職で財をなすことを意味する。

＊＊＊ A. 果実の木 ＊＊＊

　天干（上段）には太陽を意味する丙火があり、剋を受けないようにしなければならない。また、地面に植えなければならないので、水を含んでいる辰丑土があれば甲木は多くの実がなる条件が整う。

＊＊＊ B. 木材用と薪用 ＊＊＊

　木材用の条件は四柱八字の上段に斧とのこぎりを意味する庚金と、焚き火と溶鉱炉を意味する丁火があり、合や剋を受けないこと。

　薪用は丁火だけでなければならない。

　最初は一度にうまく適用できないかもしれないが、ページが進むにつれて様々な例や補足説明に触れると自然に慣れてくるので、あまり複雑に考える必要はない。

＊＊＊ C. 例示の適用 ＊＊＊

例			
時	日	月	年
丙	甲	癸	癸
寅	辰	亥	亥

月干の癸水は親宮であり、家を意味し、時干の丙火は日干の甲木の未来と展望、そして外での活動と職場を意味する。

　月干の癸水は親宮として甲木がうまくいくことを願って水生木で一生懸命教え、献身的に接する。しかし、肝心の日干の甲木（私）は癸水（親）が自分に雨を降らすと思い、口うるさい干渉として受け止める。それ故に、自分自身を意味する日干の甲木は、癸水の雨のために立派に成長できず、親の期待に応えられない。

　日干の甲木は外の太陽を見なければ木に実がなることができないため、時干の丙火の太陽を見るために一生懸命外に出る。そのため、サラリーマンの場合は営業関連（証券、金融）や運輸、航空、海外貿易など外国関連の仕事が良い。

　時干の丙火（太陽）が年干と月干の雨雲である癸水に覆われているので、人生で印星（癸水）にあたる文書、契約、約束、体裁のせいで心配ごとが頻繁に発生する。これは主に詐欺や投資の失敗などの形で現れるので、印章の管理に特に注意しなければならない。

COLUMN

巫俗（巫堂）と四柱推命の違い

●巫俗（巫堂）

　巫堂とは、神のお告げを受けて神霊に仕え、悪魔祓いをする巫俗人を意味する。そして、彼らが従う信仰を巫俗と呼ぶ。

　現代の巫堂は、自分が祀る神が話してくれることを、相談者に自分のエゴを抜きにしてそのまま伝えるスピーカーの役割を果たす。

しかし、長所と短所が存在し、将軍神のように大きな神を祀る巫堂は、過去を見事に当てるなど霊験あらたかであると言えるが、祀る神が多すぎて、雑神を祀ったり、神気が落ちた巫堂の場合には、神の言葉を聞いて伝える過程で人々を混乱させることがある。

●四柱推命

　四柱推命は、人が生まれたときの年月日時を基に八文字を推理して人の運命を解釈する学問を意味する。四柱八字の天干10文字のうち、壬水を例に挙げると、壬水は川の水、水道水、飲み水を意味する。

　私たちが毎朝水を飲んだり、洗顔をするとき、壬水は水道水の蛇口に頭と腰を下げて壬水自身の水を使うようにする。

　それを別の視点で見ると、当然のように頭を下げて壬水の水道水に無意識のうちに礼儀と敬意を払う姿である。

　このように日常で起こる自然現象に置き換えて、それを基に四柱八字で壬水が良い役割を果たす場合、自然に敬意をあらわす賢明な姿だと推理する。

　壬水の他にもう一つの天干である庚辛金は、原石・ガラス・鏡・岩・小石を意味する。

　大昔には、お互いの約束を確認する方法として、ガラス（石）を割って分けて持ち、後で確認する約束の履行有無の手段として使っていたが、庚辛金して生まれた人が合・沖・剋を受けなければ、顧客との約束である信用を重要な事業基盤とする銀行・保険・証券・保証保険会社など金融機関に従事する場合が多い。

　上記のように四柱に対する推命として八文字を多様に組み合わせて解釈するが、四柱推命学を勉強して解釈する人の熟練度と完成度によってその質は著しく異なる。

四柱を早くたやすく見る方法
〔3節〕

十星／六親 配置図（相生・相剋）

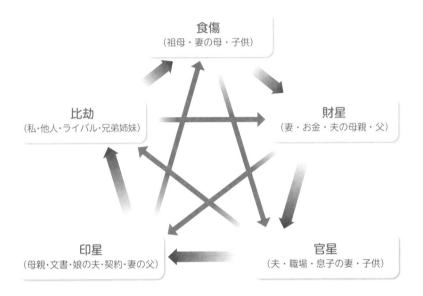

食傷
（祖母・妻の母・子供）

比劫
（私・他人・ライバル・兄弟姉妹）

財星
（妻・お金・夫の母親・父）

印星
（母親・文書・娘の夫・契約・妻の父）

官星
（夫・職場・息子の妻・子供）

　四柱八子（原局）の解釈が私の人生全体の姿を見ることであれば、年運（1年運）は新年の運勢を見ることである。

　例えるなら、四柱八子（原局）の8文字はこの地に住んでいる国民であり、10年周期で廻ってくる大運は王朝の交代または政権の交代と見ることになる。毎年廻ってくる年運（1年運）は王の交代または任期1年の大統領が毎年変わると理解すればよい。

　任期1年の大統領が私（四柱原局）を憎んで嫌がらせをすれば1年の運が悪いと解釈するだろうし、大統領と自分が仲たがいせず良い関係を築いていればその年の運が良いとするだろう。

ごく一部の人を除いて、大多数の一般国民は10年ごとに変わる王朝（大運）を大きく体感しない。しかし、1年ごとに変わる任期1年の王は私の実生活に直接影響を与えるので、その力と権限が非常に強く大きい。

　王が私に友好的であれば、1年がとても楽しくお金もたくさん稼ぐことができ、大臣、公共機関の長、社長や会長にもなれる。しかし、王が私を憎むと1年が苦痛で地獄のようだ。官災口舌、交通事故、死亡、拘束、詐欺、恥辱、不幸、奪財、投書、免職など数え切れないほど多い。

　ここで一つ気になることがある。人生を100歳として見たとき、どんなに運が良くても、きっと1回以上は不運に出会うことになるだろう。では、不運が訪れたとき、そのままじっと耐えていなければならないのか？　運が悪いから仕方ないと四柱推命通りに生きなければならないのか？　もちろんそうではない。残念ながら四柱推命はペトリオットミサイルやサードシステムのような迎撃機能はない。しかし、回避するステルス機能はある。避けることができれば良いのである。

　例えば、現実的には容易ではないが、辞表を出して王が変わるまで（任期が1年なので）家で休むか、軍隊入隊、外国留学、引越し、結婚、田舎に行く、山に隠れるなど身分を変えれば、王はそれまでを知ることはできない。現実的に上記のような身分変更は容易ではないだろう。しかし、あまり失望する必要はない。別の方法があるからだ。それは次のようなものである。

　悪い王の部下の中には12人の大臣がいるが、全員が王の味方をしているわけではない。きっと王と違う意見を持っていて、私を助けようとする大臣がいるはずだ。その大臣に直接頼んだり、力を合わせて王を説得したり、脅迫するなどすれば、王の嫌がらせが止まったり、弱くなってその年がむしろ良くなることがある。それが1年のうち十二ヶ月である月運（長官）の影響である。月運については、また次の機会に述べることにして……。

では、新年運はどう見るか？ オンラインの無料の命式自動計算機に自分の生年月日と時刻を入力すると、自分の四柱命式が表示される。

　自分の命式に2024年の甲辰年を代入してみると、その年の運勢を見ることができる。

　四柱八子の二つのカテゴリーには物と人がある。

●物事のカテゴリーには

a. 組織と仲間

b. 自分がしていること

c. 財物（投資のお金、給料）

d. 職場

e. 文書

●人のカテゴリーには

a. 同僚、友人、兄弟

b. 子供

c. 父親、配偶者

d. 夫

e. 母親

　このように10種類に分けられる。人によって重要度の違いはあるが、通常は財物（お金）を重視する。四柱推命は木火土金水五行学でもある。五行上水として生まれた人の財は、五行上火である。癸卯年はウサギの年であり、水（癸水）の年である。水が私の財産である火を消す。そこで、水として生まれた人は、2023年癸卯年にどんなことがあっただろうか？

❶余裕がある人はお金（火）が消えるので、投資することがあっただろう。

❷余裕がない人は、お金のことで苦労した。

❸事業をしている人は、他の事業に投資したり、拡張計画があった。

❹会社員は転職（退職）したり、人事異動があった。

❺会社員は離職・人事異動がないと、仕事のストレスがはげしかった。

❻男性の場合、財星は人のカテゴリーで言えば父と配偶者に該当するので、父親と配偶者に対する心労があった。

❼女性の場合、財星は人のカテゴリーで父と夫の母に該当するので、それに対する争いや心の苦しみがあった。

❽転職や投資することもなかったら、官災口舌（病院、警察署、裁判所、税務署、銀行から督促を受けることなど）があった。

❾無職の人は就職、進学（塾の登録など）、留学に行くことがあった。

COLUMN

私の命式の作り方

　ここで、自分の命式を簡単に知る方法を紹介しよう。

　命式とは、自分が生まれた生年月日と時間を基準に作られる八字を意味し、年柱、月柱、日柱、時柱で四つの柱と呼ばれ、四柱とも呼ばれる。

　簡単に自分の四柱八字を確認するために、まず、検索エンジンで命式計算、四柱推命運命式作成などを検索すると、様々な命式作成のためのサイトが表示されるので、その中から自分に最も便利な命式作成サイトを選択する。

　架空の人物を例に、1970 年 7 月 1 日、午前 10 時 0 分に東京で生まれた花子さんの場合、命式を書いてみると以下のようになる。

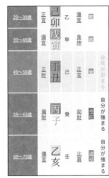

参考サイト：四柱推命スタークローラー https://suimei.starcrawler.net/

例				
時	日	月	年	
乙	壬	壬	庚	（天干）
巳	午	午	戌	（地支）

　したがって、1970年7月1日、午前10時0分に東京で生まれた花子さんの命式（八字）は庚戌年、壬午月、壬午日、乙巳時であり、現在の年齢から流れている大運がわかる。

　年干は庚金、月干は壬水、日干は壬水、時干は乙木であり、年支は戌土、月支は午火、日支は午火、時支は巳火となる。

　命式を算出する道具によって大運は1年ほど差が出ることがある。四柱推命のための命式（八字）を出すための方法は様々だが、ウェブサイト以外にもプレイストアを通じたアプリもある。韓国では命式を作成するためのツールを主に萬歳暦と呼ぶ。

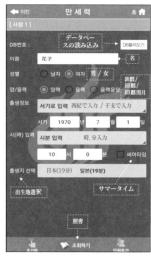

（使用したアプリは圓光萬歳暦）

四柱を早くたやすく見る方法
〔4節〕…甲

　人は誰でも下段の地支の4文字と、自分の社会的な姿を意味する上段の10文字「甲乙丙丁戊己庚辛壬癸」のうち、必ず4文字を与えられて生まれる（重複を含む）。上段4文字、下段4文字の合計8文字である。

　木 火 土 金 水 五行のうち、木を除く残りの4つの五行は木を育てなければならない任務を受けるが、その理由は木（甲乙）だけが生命力があるからである。ここで甲乙木の任務は大きく3つに分かれるが、これらのうち1つでも成功すれば良い八字、そうでなければ普通である。

· ·

　a）果実の木：財物（丙火＝太陽）
　　　○ 甲 丙 ○　　丙 甲 ○ ○

　b）木材用：名誉（庚金＝斧、丁火＝溶鉱炉）
　　　庚 甲 丁 ○　　丁 甲 庚 ○

　c）薪：専門職の財物（丁火＝溶鉱炉）で区分する
　　　丁 甲 ○ ○　　○ 甲 丁 ○

· ·

ここでa、b、cのように、甲木は1つだけあるのが良い。では、甲木の隣に甲木がもう一つ付いている場合はどうだろう？

四柱八子の天干の四文字（上段）で 甲木の隣に甲木がある場合

「〓〓〇〇 、〇〓〓〇」のような姿である。

❶甲甲は木が茂った森を意味する。鬱蒼とした樹木園（森）は休息の空間となってくれるので、人が集まる。また、心も体も癒してくれる。ただ、森の中には隠れる場所が多いので、四柱に木が多い人は秘密が多い。逆に四柱に木がなければ、秘密があってもすぐに露呈する。

❷甲甲は木が鬱蒼とした森を意味するので、他の木々のせいで風通しが悪く、日光を見ることができないので、概ね人福がない。10年に一度来る大運で丙火の太陽が現れると、初めて日光を見られたと思い、多くの実がなるように起業（または転職）しようとするが、実が私ではなく他の木に実るので、むしろ財産で苦労する。

　〔解決方法〕会社生活をするのが一番いいし、本当にビジネスをしたいならチェーン店や共同経営をすればいい。

❸甲甲は森が茂った姿なので、日差しが届かず実がならないとき、木材用や薪用に使わなければならない。

　これからの大運や他の文字に斧を意味する庚金や溶鉱炉を意味する丁火があれば、木材用や薪用に使えば良い。秋・冬 生の甲木は葉が落ち、活気がなくなって死木なので良いが、春・夏 生の甲木は若い木なので木材用としては商品性が低く、薪としては活き活きと燃えずに煙が出る

ので必ず負けを見る。

〔解決方法〕ビジネスは不向きなので、勤め人が一番良い。

甲木の隣に乙木がある場合

例					
時	日	月	年	大運	年運
乙	甲	○	○	―	―
―	―	―	―	―	―

　乙木は花でありながら木の枝である。甲木の隣に乙木がある場合、隣に丙火の太陽があれば花の木であり、丙火がなければつるの木である。乙木(枝)のためにつるの木になった甲木は人徳がなく、実もならず、能力があっても認めてくれる人があまりいない。男性の場合、女性(乙木・花)にのめり込む。しかし、丙火のある花の木は上記のように解釈しない。

甲木の隣に乙木があり、丙火がないのに、乙木（つるの木）が良い役割を果たすときもある。

例）男性			
時	日	月	年
己	甲	乙	癸
巳	子	卯	未

　3月（卯月）の肌寒い春先に生まれた甲木だ。春はまだ来ていないのに、雪雨（癸水）まで降るので、哀れだ。しかし、寒さと降り注ぐ冷たい雨を、親・兄弟・仲間を意味する乙木のつるが代わりに迎えてくれるので、人福がすごい。

　また、財と才を意味する己土が丈夫な丸太である甲木を曲げて（←甲己合）私を苦しめているが、乙木が己土を叩いて制圧して（←木剋土）野生の馬を飼いならし、名馬にする姿なので、能力と才がむしろ倍増した。

　南宋初期の名将で、功績を称えて没後に王として祀られた岳飛の四柱命式である。

　乙木が甲木と一緒にいて良い役割をする構造であれば、兵士・警察、文化・芸術、放送・芸能方面で成功する。

甲 乙(きのと) 丙 丁 戊 己 庚 辛 壬 癸

乙木を見てみよう。

乙木：鳥・花・飛行機

＊＊＊ 乙木 ＊＊＊

　乙木が草で表現されるときは、踏まれても立ち上がる強い生命力を意味する。乙木は鳥（乙）を意味し、鳥は明るい目を持っているので、危険を感じたら飛んでいく。だから、機敏で機転が利く。また、飛行機を意味するので、外国や旅行との縁がある。

＊＊＊ 乙木の形状 ＊＊＊

　風、草花、つる、草、手先、鳥、飛行機、外国、旅行、化粧品、はさみ、葉っぱ、別れ、糸、絵筆、絵、果物。

＊＊＊ 乙木の専攻と職業 ＊＊＊

　文化、芸術、スポーツ、観光、航空、運輸、放送・芸能、外国、キャビンアテンダント、アパレル、メディア。

＊＊＊ 乙木の性格 ＊＊＊

人を喜ばせるために生まれた花。

❶プライドが高く、頑固だが、気さくで優しい。

❷外では陽気で活発で親切。人に好かれる。

❸柔軟性があり、思いやりがある。

❹旅行や遊びの企画、整理整頓や装飾することが好き。

❺男は家庭的だが、口うるさいので妻を疲れさせる。

例1）男性					
時	日	月	年	大運	大運
甲	乙	丙	癸	辛	庚
申	亥	辰	丑	亥	戌

　朝鮮の4番打者は李大浩（イ・デホ）、朝鮮の最高剣客は現法務大臣の韓東勲（ハン・ドンフン）であり、鋭い剣を連想したが、四柱命式を開いて見てみると、花が蕾の頃の寒さに耐えて咲き誇るライラックの花である（花言葉：若い日の友情、思い出、愛）。

　辰月（4月）、日干の乙木の隣に甲木があるとき、丙火の太陽がなければ蔦の木であり、丙火があれば花の木である。日干の乙木が時干の甲木に寄りかかり（←人福）、月干の丙火の太陽の光をたっぷり浴びて咲き誇っている。それゆえ怖がらず大胆で、軍人・警察・検察・体育などの組織生活に適している。(※四柱を早くたやすく見る方法［4-5 節］参照)

　乙木のライラックの花として生まれたので、文化・芸術・体育に素質があり、外国との縁があり、おしゃれや飾るのが好きだ。

　月干の丙火の太陽が親の座である月干から年干の癸水の雨雲を払いの

け、虹になったので、親の恩徳がある。

　10年周期で廻ってくる41歳の辛亥の大運に辛金（雲）が私の活力である丙火の太陽の光を遮るので（←丙辛合）左遷など落胆することがある。51歳から始まる庚戌の大運は、丙火の太陽が庚金（雲）の中で日差しを照らし、花木が徐々に活気を取り戻す時期なので、ライラックの花が花房を大きく開いて昇進するのか、それとも次を期待するのか、注目に値する。

＊＊＊ 政治家、団体長の当選可否 ＊＊＊

❶本人の四柱命式の財星・官星・印星を大運、年運、月運、日辰と比較する。

❷特に月運の影響力を見る。

❸自分の四柱の運がどんなに良くても、相手候補の運が良ければ落選である。逆に自分の運が悪くても、相手候補の方が悪ければ当選である。（例．2020年トランプ vs バイデン）

❹一番重要なのは、配偶者の四柱でその年のその月に夫の文字（官星）が満面の笑みを浮かべていること。

例2）男性			
時	日	月	年
辛	乙	丁	甲
巳	酉	丑	戌

新年丑月（1月）の北風寒雪の中で一輪の梅の花である乙木（日干）として生まれた。地支に巳酉丑金局で鉄・金属が多く、時干の辛金（ナイフ・ガラス・注射）が寒くて震えている梅の花を脅かすので、霜が降りるほどだ。しかし、焚き火と溶鉱炉を意味する月干の丁火が火剋金で辛金の刃の乱暴さをコントロールしてくれるので、乙木は丁火に感謝している。丁火に力を貸そうと乙木の梅の花は溶鉱炉で自分を燃やして辛金の刃に対抗しようとするが、生木である花を燃やすと煙が出るだけで活き活きと燃えないので苦悩が深い。幸い、年干の甲木（丸太）が力のない乙木を助け、溶鉱炉である丁火に火をくべていて、日干の乙木が年干の甲木に頼る姿である。乙木の立場からすると甲木は他人であるため、乙木が行く先々で、みんなが乙木を助けたいと競い合っている。

　「人福が天を突くので、その栄光が尽きない」

　これは、金大中（キム・デジュン）政府の国務総理を務めた故李漢東（イ・ハンドン）6選国会議員の命式である。

COLUMN

財物福と名誉のある四柱

　人は「甲乙丙丁戊己庚辛壬癸」このうち必ず4文字（重複含む）を持って生まれる。

●財物福がある四柱（四柱の構成によって違いはあるが、大金持ちから食べていくのに支障がない場合まで）

　[丙甲○○／○甲丙○]
　甲木として生まれたら隣に丙火があってこそ財物福がある＝実木

［丙乙○○／○乙丙○］

乙木として生まれたら隣に丙火があってこそ財物福がある

＝満開の花

［甲丙○○／○丙乙○］

丙火として生まれたら隣に甲乙木があってこそ財物福がある

＝実の木、満開の花

［庚丁○○／○丁庚○］

丁火として生まれたら隣に庚金があってこそ財物福がある

＝製錬された宝石

［甲戊○○／○戊乙○］

戊土として生まれたら隣に甲乙木があってこそ財物福がある

＝実のなる木、満開の花

［甲己○○／○己乙○］

己土として生まれたら隣に甲乙木があってこそ財物福がある

＝実のなる木、満開の花

［壬庚○○／○庚癸○］

庚金として生まれたら隣に壬癸水があってこそ財物福がある

＝水で洗った宝石

［壬辛○○／○辛癸○］

辛金として生まれたら隣に壬癸水があってこそ財物福がある

＝水で洗った宝石

［甲壬○○／○壬乙○］

壬水として生まれたら隣に甲乙木があってこそ財物福がある

＝実のなる木、満開の花

［甲癸○○／○癸乙○］

癸水として生まれたら隣に甲乙木があってこそ財物福がある

　　＝実のなる木、満開の花

　　※共通事項：庚辛金と丁火を除き、残りの天干は丙火が剋を受けないようにしな
　　　がら、木や花を意味する甲乙木を水を含んでいる肥えた土地である丑辰土（地
　　　支）に植えると財物として良い命になる。

●名誉がある四柱 （公職や会社で昇進がうまくいく場合）

　　［庚 甲 丁 ○／丁 甲 庚 ○］

　　甲木として生まれたら隣に庚金と丁火があってこそ名誉がある

　　＝木材、梁

　　［丙 乙 ○ ○／○ 乙 丙 ○］

　　乙木として生まれたら、隣に丙火がなければならない

　　＝咲き誇る花

　　［壬 丙 ○ ○／○ 丙 壬 ○］

　　丙火として生まれたら、隣に壬水がなければならない

　　＝太陽がキラキラ光る川（海）

　　［甲 丁 庚 ○／庚 丁 甲 ○］

　　丁火として生まれたら、隣に甲木と庚金がなければならない

　　＝製錬された宝石

　　［丙 戊 ○ ○／○ 戊 丙 ○］

　　戊土として生まれたら、隣に丙火がなければならない

　　＝山に昇る太陽

　　［丙 己 ○ ○／○ 己 丙 ○］

　　己土として生まれたら、隣に丙火がなければならない

　　＝地平線に昇る太陽

　　［丁 庚 甲 ○／甲 庚 丁 ○］

　　庚金として生まれたら、隣に甲木と丁火がなければならない

　　＝宝石の輝き

［壬辛○○／○辛壬○］

辛金として生まれたら、隣に壬水がなければならない＝宝石の輝き

［丙壬○○／○壬丙○］

壬水として生まれたら、隣に丙火がなければならない

＝太陽がキラキラと輝く川（海）

［丙癸○○／○癸丙○］

癸水として生まれたら、隣に丙火がなければならない＝雨の後の虹

簡単な例1）			
時	日	月	年
壬	丙	甲	戊
○	○	○	○

　太陽として生まれた丙火の日干の隣に、川を意味する時干の壬水と、深い山を意味する年干の戊土がある。戊土で育つ木を意味する月干の甲木があり、丙火は甲木を一生懸命に育てて実をつける。川水の壬水とキラキラと輝く太陽の光が互いに反射して丙火の存在感を高めてくれるので、財物福と名誉がある四柱と判断する。

　ただし、名誉と財物福があるが、相生相剋の原理により壬水は日干の丙火を剋するので、名誉が上がれば上がるほど丙火の身体にあ

41

たる心臓、血管、目に疾患がある可能性がある。

簡単な例2)			
時	日	月	年
○	甲	丙	辛
○	○	○	○

　財物を意味する月干の丙火の任務は日干の甲木を立派に育てることである。しかし、太陽である丙火がその任務を忘れ、雲を意味する年干の辛金と丙辛合をしている。雲が太陽を覆っている形なので、名誉と財物福が低く弱い。

四柱を早くたやすく見る方法
〔6節〕…乙

甲乙丙丁戊己庚辛壬癸

　天干の10字のうち2番目、乙木として生まれた人は、人々を楽しま

せ世の中を明るくするために生まれた花を意味する。天気の良い晴れた日に、桜やレンギョウ、ツツジが満開で美しさを誇ると、人々は花見に来て幸せそうな顔をしている。そうなれば、乙木は与えられた使命を果たし、成功した人生である。逆に雨が降っていたり、花が折られたら、人々は目を向けず通りすぎるので、乙木は寂しい人生となる。

乙木である花が美しく成長するには、甲木と同様に天干には太陽である丙火があり、地支には水分を含んでいる辰土があって、剋を受けないようにしなければならない。乙木は鳥（乙）であり、飛行機と外国を意味するので、航空会社、外国関連会社に従事する人が多い。職業や専攻は文化・芸術・体育（芸能）を意味し、その分野に生まれ持った才能や素質、関心はあるが、成功できるかどうかはそれぞれの四柱推命によって判断する。乙木は風とも呼ばれ、木の枝が揺れると風が吹いていることがわかるので、先を見通す力があり、素早く、危険に敏感だ。花は外

で人気がなければならないので、飾ることを好み、ときには浪費や贅沢などの形であらわれることがある。また、秋を過ぎると花は枯れてしまうため、病気に悩まされることもあるので、健康に注意する必要がある。

乙木の干支（柱）の形状

乙卯：固執 、ゴルフ、風、草花、薬草、絹、紙、漢方薬
乙巳：地人に捕えられた蛇、燃やされた紙幣、消耗

乙未：葦、砂漠のサボテン、花園

乙酉：岩に咲く花、酒瓶、盆栽、ハンマー、有刺鉄線、国境線

乙亥：水上飛行機、水上植物、医業、浮草、トンボ

乙丑：泥の中の蓮の花、哲学、歯科材料、鉄、彫刻

このうち乙亥と乙酉は花瓶の花も意味するので、花瓶に生けられて美しさを誇るが、地面で育つ花ではないので、毎日水換えをしないと体が弱い。

乙木の隣にまた乙木がいる場合

時	日	月	年
乙	乙	○	○
○	○	○	○

鳥がさえずりながら群れを成して忙しく飛び回る姿で、饒舌でおしゃべり好きである。良い面では饒舌だが、悪い面では派手な言葉遣いで嘘をよくつく人かもしれない。

優しくて人情深いが、つるが絡まっている姿でもあるので、私と同じ「乙木」によって、風通しが悪く、全体的に人徳が弱い。

職業は流通・貿易・旅行・運輸業が適している。

例1）女性			
時	日	月	年
辛	乙	乙	乙
巳	丑	酉	丑

酉月（9月）、晩夏（初秋）に生まれた美しい乙木の花だ。

花は人を喜ばせるために生まれたので、文化芸術、体育、放送芸能などの関連職業を選ぶとやりがいを持って働ける。ただし、地支が巳酉丑金局で形成されており、辛金が天干（時干）に※透出しているので、それがとても鋭い。乙木の花を鋭利なナイフで切ろうとしているような危うい状況だ。このとき、年干と月干の乙木が辛金の鋭い刃を全身で防いでくれ、乙木を意味する親、兄弟、仲間の功徳が大きい。

※透出：地支の中にある支藏干が天干に出ることをいう。まるで家の中にいた人が外に出て活動し、注目されるようなものである。後藤真希の命式では、月支の酉金の中にある支藏干の辛金が透出された。

こちらは、1999年己卯年、13歳で芸能界にデビューし、大成功を収めたスーパースター後藤真希の命式である。

日月年が乙乙乙であり三つの乙が力を合わせて時干の辛金を全身で防いでいる。何羽もの鳥が群れをなしてさえずりながら飛んでいく姿なので、チームを全盛期に導いたのはさすがに絶妙だ。もしグループ・ユニット活動をせずにソロ活動にこだわっていたら、当時の後藤真希の名声はなかっただろう。

ただ、乙乙乙は辛金の鋭い刃を防いだ功績もあるが、花が刃を受けているのは同じなので、いつかその代償を払わなければならない。その影響だろうか？弟が窃盗罪で拘束され、誹謗中傷に悩まされ、母親が3階から転落死したのは心苦しいことだが、四柱原局の緻密な構成に体が震えるばかりだ。

元カレとの不倫の事実が露見したのは、巳時（9：00~11：00）、朝の明るい日差しが照らす乙木の花は、誰でも簡単に見つけることができるからだ。

例 2）女性				
時	日	月	年	大運
戊	乙	乙	癸	戊
寅	酉	丑	巳	辰

　寒い冬の山に雨風と吹雪が吹き荒れるので、もろく儚い花である乙木は行き場を失って放浪する姿だ。貧困層に生まれ、幼少期はかなり不遇で苦労した。しかし、年干の冬の吹雪（癸水）を時干の戊土の大きな山が戊癸合で取り除いてくれる。戊土は財星で財物を意味する。

　財星が私を苦しめる雨を止め、苦しい境遇から救い出してくれる役割を果たすので、財物福が相当であることがわかる。

　乙木は花と表現することもあるが、鳥、外国、文化・芸術とも解釈する。日と月に乙乙があるので、鳥が何羽も群れて休みなくさえずりながら飛んでいる様子だ。

　22歳の戊辰大運になると、戊土が癸水を戊癸合で取り除き、私を苦しめる雨が完全に止んで私の困難を解決してくれている。

　ミス・ブラック・テネシー美人コンテスト優勝者で、地方局のアンカーから始まり、アメリカのオプラ・ウィンフリー・ショーで大きく名を馳せた、オプラ・ウィンフリーの命式である。

　トークショーの司会者兼メディア事業家であるオプラは地支が巳酉丑金局になっている。四柱に金が多いので現金を得る力が相当あり、かつて世界唯一の黒人億万長者の仲間入りを果たしたこともある。四柱にこのように乙乙（鳥が鳴く）がいると、雄弁で相当な話術を持つ人だが、もしトークショーの司会者にならなかったら、ただのおしゃべり好きな近所のおしゃべり屋に過ぎなかっただろう。四柱の姿を十二分に発揮して、かなりの富と名声を得たと言える。

第2章

実践

四柱推命
解釈

丙・丁

四柱を早くたやすく見る方法〔7節〕…丙

<ruby>甲乙丙丁戊己庚辛壬癸<rt>ひのえ</rt></ruby>

3番目に該当する丙火として生まれ、地支に水分のある肥えた土地である丑辰土があり、合・剋を受けず、隣に甲木や乙木があればよく育つ花（乙木）や木（甲木）と判断する。よって、財物福があると解釈できる。

壬水は丙火の太陽の輝きを照らす反射鏡のようなもので、日干に丙火、天干に壬水があり、剋を受けなければ名誉がある。

丙火：太陽・照明

＊＊＊ 丙火：他人を育て、輝かせるために生まれた ＊＊＊

誠実で犠牲的、礼儀正しい。職業と専攻としては公務員、教育者、社

会福祉、宗教、哲学分野が良い。紹介や斡旋が得意で、お節介が好きなので悪口も言われるが、根に持たない。

＊＊＊ 丙火の職業と専攻 ＊＊＊

　航空、宇宙、デザイン、眼鏡、ボイラー、電気、電子、照明、レーザー、放射線、原子力、エネルギー、半導体、映像芸術、アナウンサー、新聞、教育、放送、芸能、政治、軍事、司法（税法）、医療など。

＊＊＊ 丙火のイメージ ＊＊＊

　太陽、光明、栄光、文化、高層ビル、屋根。

＊＊＊ 丙火の干支の形状 ＊＊＊

　丙寅：怒っている虎、露出、綻露（たんろ）、進出

　丙辰：雲に隠された太陽、大器晩成

　丙午：真昼の太陽、走る馬、喉の渇き

　丙申：溶鉱炉、模倣

　丙戌：家を守る犬、屋根の上の屋根瓦、丘、火葬場

　丙子：湖に映る太陽、露出、妊娠

例1)			
時	日	月	年
庚	丙	戊	甲
○	○	○	○

　月干の戊土は山と埃を意味し、年干の甲木は山で育つ木であるが、日干の丙火（太陽）は戊土埃のために自分の輝きが弱く、存在感が薄い姿だ。よって、日干の丙火が甲木を立派に育てるために一生懸命努力しても、甲木は多くの実がならないので、財物としては良い構造にはならない。

時	日	月	年	▶	時	日	月	年
庚	丙	戊	甲		庚	丙	甲	戊
○	○	○	○		○	○	○	○

※このとき、上記のように甲木と戊土の位置が変わると、甲木が木剋土で戊土の埃や塵を払いながら日干の隣に来ないようにし、日干の丙火の輝きを遮らないようにするので、財物福が良くなる。

例2)			
時	日	月	年
甲	丙	壬	癸
○	○	○	○

　月干の壬水の大きな川は日干の丙火の太陽の輝きを照らす反射鏡のようなもので、名誉を意味する。しかし、年干の癸水（雨）が壬水の川に雨を降らせていて、太陽の輝きを反射することができない。そのため、日干の丙火は名誉を意味する壬水より財を意味する時干の甲木（経済・経営など）に関連する職業を選ぶと努力した甲斐がある。

・・・

質問：上記四柱の主人公が時干の甲木を選ばず、名誉を意味する月干の壬水の職業と専攻（公務員、大企業など）を選んだらどうなりますか？

回答：年功序列で一定の職位まで昇進することはできるが、壬水が癸水によって雨を浴びている姿なので、出世するのは難しい。

四柱を早くたやすく見る方法〔8節〕

天干：甲乙 **丙丁戊己** 庚辛壬癸
地支：寅卯 **辰巳午未** 申酉 **戌** 亥子 **丑**

　四柱八字とは、天干10文字＋地支12文字＝22文字のうち、生まれながらに持つ8文字を指す。

　この八字には、私（本人）と周囲の家族、兄弟、友人、子供などとの関係や、成功と失敗、挫折、喜び、怒り、結婚、離婚、昇進、老化など人生の喜怒哀楽が含まれている。雪が降ったり雷が鳴ったり、稲が育って収穫をしたり、花が咲いたり散ったりする自然現象に置き換えて解釈するので、あまり難しく考える必要はない（自信を持つこと）。

　人生（八字）とは、滔々と流れる大河や果てしなく広い海を進む船のようなものだ。

　遠くから見ると水面は静かで波一つないように見えるが、絶えず波打

つ水にぶつかり揺られ、苦悩する姿だ。船を難破させようと襲ってくる雨風や雷にいつでも立ち向かう勇気も必要だ。四柱推命はそのようなとき、人生の航海士の役割を果たす。

　四柱八字の天干の4文字は、自分の社会的な姿を意味する→ 他人にすべて明らかになる。

　地支は地なので、天干の社会的な姿の連続性、永続性、維持力、意志、考えを意味する → 他人にあらわれない。

※天干の字が良くて金持ちの姿なのに、地支が天干の良い字を支えられなければ、そのお金を維持できない。

天干のお互いに親しい文字「合」：
　甲＋己　乙＋庚　丙＋辛　丁＋壬　戊＋癸

天干のお互いに嫌いな文字「沖」：
　甲↔庚　乙↔辛　丙↔壬　丁↔癸　戊↔己

地支のお互いに親しい文字「合」：
　寅＋午＋戌　巳＋酉＋丑　申＋子＋辰　亥＋卯＋未

　子＋丑　寅＋亥　卯＋戌　辰＋酉　巳＋申　午＋未

地支のお互いに嫌いな文字「刑、沖、破、害」：
寅申沖 巳亥沖 子午沖 卯酉沖 辰戌沖 丑未沖 辰辰刑 午午刑 酉酉刑 亥亥刑

子卯刑 寅巳刑 戌未刑 巳申刑 子酉破 丑辰破 寅亥破 午卯破 申亥害

　仲の良い字を「合」と呼び、嫌いな字を「沖」と呼ぶが、合は必ずしも良いわけでもなく、また沖は必ずしも悪いわけでもない。

....

合の例：好きだと言って毎日私を訪ねてきたり、ついてきたりしたらどうだろう…（ストーカー？）

沖の例：嫌いな人がいたとき運で沖になると離れられる。

....

日干と他の文字との関係図			
区分／日干	他人、友人、兄弟、同僚	意志、思考、子供	お金、妻、父、夫の母
私	比劫	食傷	財星
甲	甲	丙　丁	戊　己
乙	乙	丙　丁	戊　己
丙	丙	戊　己	庚　辛
丁	丁	戊　己	庚　辛
戊	戊	庚　辛	壬　癸
己	己	庚　辛	壬　癸
庚	庚	壬　癸	甲　乙
辛	辛	壬　癸	甲　乙
壬	壬	甲　乙	丙　丁
癸	癸	甲　乙	丙　丁

区分／日干	夫、子供、会社	文書、母、契約書
私	官星	印星
甲	庚　辛	壬　癸
乙	庚　辛	壬　癸
丙	壬　癸	甲　乙
丁	壬　癸	甲　乙
戊	甲　乙	丙　丁
己	甲　乙	丙　丁
庚	丙　丁	戊　己
辛	丙　丁	戊　己
壬	戊　己	庚　辛
癸	戊　己	庚　辛

例					
時	日	月	年	22年	7月
○	辛	丁	乙	壬	丁
○	丑	亥	酉	寅	未

亥月（11月）、初冬の辛金（宝石）として生まれた。宝石である辛金が私の財である年干の乙木（財星）を金剋木（相剋）で痛めつけて、乙木が苦しんでいる状況だ。

このとき、年干と日干の中間で月干の丁火（ナイフ、銃、焚き火、溶鉱炉、ビニールハウス）が火剋金で辛金の刃を抑えて乙木を保護したので、丁火の職業を意味する職業軍人として定年退職した。

2022年7月、壬寅年丁未月、川の水を意味する年運の壬水が私の活力と同じ原局にある丁火の焚き火を丁壬合で消そうとする。

しかし、もう一つの焚き火である月運の丁未月の丁火が年運の壬水を丁壬合で縛ってしまい、丁火（官星）の火が消えずに無事となったので、22年7月に団体長選挙に立候補して当選した（←合の長所）。

COLUMN

年運の解釈方法

新年の運勢を解釈する方法はいろいろあるが、代表的な方法としては、1年間政権を握った年運と原局との相互関係（姿）を基準に1年間の運勢を解釈する。

四柱解釈の順番としては、年運の文字から原局の剋を受ける文字

を最初に見る。その理由は単純に、殴られたら（剋を受けたら）、剋を受けた文字が痛いので、その痛みを解決することが先決だからだ。

　天干は誰もが知ることができる私の社会的姿・機能・役割（職業）を意味し、地支はそのような社会的姿の連続性・永続性・維持力・自分の内面を意味する。（※四柱推命を早くたやすく見る方法［3節］参照）
　甲辰年を例にとると、年運の甲木が原局の戊己土を剋するとき、原局で甲木を防いでくれる庚辛金がある、または、甲木と親しい丙丁火がいて甲木に良い話をして仲裁する役割（木生火火生土通関）をしてくれれば、禍がむしろ福になることがある。

1. 年運の地支と日支が「刑沖破害」される場合

　a）自動車事故、官災口舌（病院、警察署、裁判所などに行くこと）が起こることがある。

　b）夫婦がくっついていると喧嘩が多くなり、仲が悪くなる。したがって、週末夫婦などで離れて生活するのが良いが、週末夫婦が無理な場合、お互いに顔を合わせることがないほど忙しければ、夫婦関係は大丈夫である。

　c）新婚夫婦の場合、妊娠が可能な年運であり、子供が生まれると夫婦仲が良くなる。

2. 原局の官または年運の官が「刑沖破害」される場合

　職場変動、離職、退職、人事異動、事業者の場合は投資しなければならないことが起こる。もし変化がなければ次のようになる。

　a）官災、事故、体調を崩す。

b) 女性：本人や夫の身体が病気や怪我をしなければ、夫のこと
     で悩まされ夫婦仲が悪くなる。

   c) 男性：本人や子供が体調を崩したり、怪我をしなければ、子
     供が不機嫌になったり、仲が悪くなる。子供の変化があれば
     問題ない（進学、入隊、編入、転校、留学、結婚など）。

3. 原局の食傷または年運の食傷が「刑沖破害」される場合

   a) 食傷は自分の仕事を意味するので、食傷が剋を受けると、現在
     行っている仕事や業務に対する不満（転職したい）などの心
     の変化がある。

   b) 女性：子供が体調を崩したり、怪我をしたり、子供との関係が
     悪くなったりする。 しかし、子供の変化があれば大丈夫 （進
     学、入隊、編入、転校、留学、結婚など）。

   c) 食傷が天干で剋を受けるとやることがなくなる。

4. 四柱原局の天干の印星を年運の天干の財星が
「剋」をする場合

   お金に対する過度の欲を出すと、破産や株式失敗など信用不良に
つながる可能性がある。また、賄賂の関与や業者関係者の投書、男
性の場合は女性問題による恥辱があるかもしれない。

5. 年運で日支と官が「合」になる場合

   夜勤など業務過多で夜遅くに帰宅することが多くなる。

6. 原局の財星が年運で「剋」を受けるか、
または年運の財星を原局で「剋」をする場合

a) お金を貸すと、受け取る運がない。

b) 契約はできるが、相場通りに利益を受け取れず、損をすることがある。

c) 会社員は、人事異動・離職、事業者の場合は投資することがある。何の変動がなければ、官災口舌が生じたり、事業者はお金が出ていくことがあり、サラリーマンは業務ストレスが激しい。

7. 年運天干の字が日干の（私）を「剋」する場合

官災、事故、病気、対人関係の口舌がある。

8. 女性：年運で食傷と印綬が「合」の場合

例）日干の戊土の場合、原局の食傷である辛金が年運の印綬である丙火と丙辛合。好きな男性ができたり、異性と交際する。

9. 年運の地支が月支を「刑沖破害」する場合

引っ越し運、家を移す運なので、引っ越すのが良い。もし引っ越さない場合は、家に変化を与えなければならない（リフォーム、壁紙、修理、家具の交換、大掃除など）。もし引っ越しもせず、家に変化もなければ、月支に該当する六親など家族に関する心痛が起きたり、健康状態が悪くなったり、事故で家に入れないことが発生するが、家を離れていれば大丈夫。

10. 年運の地支が月支を「合」する場合

引っ越し運だが、家による事故や不幸はないので、引っ越してもしなくても大丈夫。

例 1）男性				
時	日	月	年	24 年
壬	壬	甲	壬	甲
寅	午	辰	子	辰

　辰月（4 月）、壬水の大河・海として生まれた。子辰水局で水浸し
だが、自分自身も水だ。水は果てしなく流れる存在であり、水流も
激しいが、荒い水流を防いでくれる戊土（山・堤防）がないので、
故郷に帰りたくても一生帰れず、他の土地を放浪している。

　4 月の初めの春の壬水はきれいな水で、喉が渇いた人に水を配る
役目だ。性格が良く人も良い。また、歌も上手で人気がある。

　日支の午火が配偶者座であり、焚き火とお金なので配偶者福と金
運は良いが、火がいつ消えるかわからないので、心配性で、お金に
対する欲と執着が非常に強い。

　2024 甲辰年、辰辰自刑で月支の官星と年運の官星がぶつかり、
月干の甲木（食傷）が崩れるので、職業変動、人事異動などが発生
する年だ。昇進、人事異動などの職場の変化がなければ退職となる。
そうでなければ健康問題が懸念される。

例2）男性				
時	日	月	年	24年
壬	癸	癸	丙	甲
子	未	巳	申	辰

巳月（5月）、澄んだ水を意味する癸水として生まれた。夏の清らかで涼しい水なので、性格が良く、人々が好んで訪れる。

癸水は太陽の光を浴びて甲木を立派に育てるのが任務だが、甲木がないので、あれこれと職業の変動が激しい。親宮である月干の癸水（比肩）が年干にある大切な丙火の太陽の光を見ているため、親の功績が大きく、遺産を数億円も相続した。しかし、私と同じ比肩・劫財（兄弟）である壬水・癸水が、時干と月干に並んでいるので、太陽の光を均等に分けなければならないのに、私一人でその多くの遺産を独占したので、兄弟と大きく不和になった。2024年甲辰年、年運の地支の辰土と原局の年支の申金が申辰水局となり、巳火（財星）を攻撃するので、職業変動や奪財が予想される。

※奪財・損財と詐欺を防ぐ方法：共同経営をしたり、事業所移転・インテリア投資など業種の変更をすれば大丈夫。

例3）男性				
時	日	月	年	24年
壬	戊	乙	癸	甲
戌	午	卯	巳	辰

卯月（3月）、戊土の大きな山として生まれた。山は雪が降ろうが風が吹こうが常にその場を守り続けるので、柔軟性は欠けるが誠実で信頼と信用を与え、紛争の調停役（公認仲介人）として活躍する。しかし、ときには優柔不断で遅々として進まないという評価を受けることもある。卯月はまだ肌寒いが、日支の午火の配偶者宮が焚き

火で寒さを防いでくれるので配偶者福がある。

　例3）の命式で、子は月干の乙木（官星）の花だが、花が癸水の雨を受けている。したがって、人生で子供のために悲しいことがあることを示唆しているので、子供が幼い頃に交通事故で死亡した。

　2024年甲辰年、年運の辰土と時支の戌土が辰戌沖でぶつかり、時干の壬水（財星）が崩れるので、職場の変動が生じる。また、不動産（土）同士の衝突なので不動産売買契約が発生する可能性がある。

例4）男性			
時	日	月	年
壬	辛	乙	乙
辰	酉	酉	卯

　酉月（9月）、五穀豊穣の秋に、宝石を意味する辛金として生まれた。キラキラ輝くように磨いてくれるきれいな水である壬水が時干にあるので、高職の命運である。

　金王節である酉月に生まれ、金の気運が強い中、木の気運も強いので、財物福に恵まれる（身旺財旺）。

　鳥を意味する乙木は外国・旅行・運輸・営業を意味するので、営業職に非常に適している。

　2018年の戊戌年に辰戌沖で時干の壬水（食傷）が崩れるので、やっていた仕事が中断された。また、辰戌沖と同時に隣にある酉金も一緒に動き、兄弟（比劫）を意味する月支と日支が酉酉刑でお互いに反目する。よって、兄弟に関わる悲しいことが起こる可能性があるので、その年に弟が亡くなった。同じ四柱命式を持つ人が複数いるため、この四柱に限って、弟の死として現れただけで、すべての人に同じことが起こるということではない。

四柱を早くたやすく見る方法
〔9節〕…丙

甲乙丙（ひのえ）丁戊己庚辛壬癸

丙火の太陽は、世の中の万物を包み込みながら、寒さを溶かし世の中を明るく有益にする。また、太陽は世の中の万物を養育する役割を果たす。

丙火のイメージ：太陽・光明・栄光・文化・高層ビル・屋根

川の水を意味する壬水は丙火の太陽の輝きを照らす反射鏡と同じで、日干が丙火の場合、天干に壬水があり、剋を受けなければ名誉がある。

四柱は8文字で構成されているので、隣の文字の動きをよく見なければならないが、丙火の太陽として生まれたのに隣にまた丙丁火があれば？

丙 丙 ○ ○ 、 ○ 丙 丁 ○

丙丙は二つの太陽を意味し、丙丁は暑いときの暖房を意味する。そのため、乾燥しすぎて財を意味する甲乙木があっても多くの蕾が開かず、美しい花にならない。

特に冬は丙火の太陽より丁火の焚き火が歓迎される季節で、太陽の丙火は焚き火の丁火にプライドが傷つけられることがある。このとき、癸水の雪・雨で焚き火の火を消すと、トコジラミを捕まえるために茅葺き屋根を焼くようなもので、気持ちは涼しいかもしれないが、本人も傷つく。性格は決断力と勇気がある（義人）。

例1）男性			
時	日	月	年
辛	丙	丙	庚
卯	寅	戌	戌

戌月（10月）、万物が熟す晩秋の太陽として生まれた。丙火の太陽の任務は甲乙木を育てることだが、年干の庚金の雨雲と黒雲が押し寄せている。さらに厄介なのは、時干の辛金の雨雲がすぐそばで私の首元を丙辛合で巻きつけているので、丙火の太陽と収穫直前の穀物と実が枯れて死ぬ寸前だ。

このとき、私とそっくりである月干の丙火が、年干の庚金（黒雲）を代わりに防いでくれて、時干の辛金（黒雲）もまた、月干の丙火が丙辛合で日干を守ってくれている。月干の丙火は父に代わって兵士となり戦ったムーランのようだ。※ムーラン：中国の伝説の女傑

月干の丙火の功が大きいので、電気・電子・文化・芸術の職業や専攻が良い。（※四柱を早くたやすく見る方法［7節］丙火の職業と専攻参照）

2つの太陽で乾きすぎて甲乙木がよく育たないので、親の世話を受けられず、幼少期が不運だった。

独特な外見と鈍い話し方で同年代から嫌がらせを多く受け、若い頃、腫瘍がみつかり何度も手術もした。さらに自転車事故で鎖骨骨折まで経

験した。

　携帯電話（電気・電子）の販売員をしていたある日、偶然オーディション番組に応募したところ、彼の外見を見て無視していた観客と審査員は、彼が歌を歌うやいなや、その実力に驚きの声を上げ、スタンディングオベーションを送り、彼はついに大賞まで獲得した。これは、イギリスの声楽家であり歌手であるポール・ポッツの命式である。

例2)　男性				
時	日	月	年	年運
乙	丙	丁	庚	癸
未	辰	亥	午	亥

　亥月（11月）の初冬に力のない太陽である丙火として生まれた。厳しい北風寒雪と年干に庚金の鋭い刃が時干の乙木の花を脅かすので、花である乙木はいつ切られるかわからない恐怖に震えている。

　このとき、剣と銃、注射・針、焚き火と炉を意味する月干の丁火が火剋金で庚金の鋭さを打ち負かし、焚き火である丁火の暖かさで乙木を保護したので、ビニールハウスで暖かく育つ花に暮らし向きが変わった。

　丁火が庚金から乙木と丙火を守ってくれたので、初期の家庭環境は不遇であったが、10代で軍（丁火：刀・銃）に入隊し、昇進に昇進を重ねて階級が督軍に達し、50歳には中国山東省の総督になった。

　しかし、堂々とした太陽を意味する丙火が小さな焚き火に過ぎない丁火に頼っていたため、そのおかげを感謝すると同時にプライドが傷つくのは仕方ない。

　54歳になる癸亥年、雨水である癸水によって水剋火、亥亥刑で丁火の火種を消したので、丙火のプライドは守られ、気持ちはすっきりすることができる。しかし、私を守ってくれていた丁火の火種が消えたので、自分も不名誉に解任された。

　これは、清朝末期の武将、田中玉の命式である。

四柱を早くたやすく見る方法〔10節〕…丁

甲乙丙 丁（ひのと） 戊己庚辛壬癸

　10個の天干文字のうち4番目の丁火は、空では星を意味し、地上では提灯と焚き火を意味する。丁火は夜や冬に生まれると良いと言われる。その理由は、星と提灯は夜になると光を発して暗闇を照らし、羅針盤となって旅人の道を案内してくれるからだ。冬には寒くなるにつれて、焚き火を求める人が多い。冬の焚き火は暖房になり、人の心と体を快適で暖かくしてくれるからだ。また、丁火はろうそくを意味し、ろうそくは風に簡単に消えないので、内面的な強さがあり、ゆっくりと長く燃えるのが特徴で、最初は穏やかなように見えても最後は急いでいる。

丁火：焚き火・溶鉱炉・電気／電子

＊＊＊ 丁火のイメージ ＊＊＊

　火、熱、夜空の星、焚き火、ろうそく、ランタン、暖房、溶鉱炉、祈祷、

半導体、マイク、電気、電子、放送、皮膚、美容、易術、宗教、化粧品、
経絡、マッサージ、剣、銃、注射（鍼灸）、政治、軍事、司法、医療など

＊＊＊ **丁火の性格** ＊＊＊
a. 人を暖かくして暗闇を照らすために生まれた。
b. 不義と妥協はせず、礼儀正しく、情が深い。自分が受けた傷は忘れず、根に持つ。
c. 頑固でプライドが高く、原則を守る。人からお願いされると、拒絶をすることは難しい。
d. ゆっくりしているように見えるが、最後は急いでいる。
e. 褒め言葉に乏しい。

❶辰月（4月）～ 酉月（9月）に生まれた人の天干に丁火がある場合：
燃やす（焼却）
　　春に植えて成長し、秋に収穫をしなければならない甲木が焼けた木になって多くの実がならず、材木にもなりにくい。よって、大きな財と名誉は得られないが、中産階級は可能である。すべて燃やすので、性格はせっかちで、神経質だ。
　　丁火が2～3個以上で多いと、甲木がひどく燃えてうつ病などの精神疾患に苦しむことがあり、この場合、職業は自分を燃やして仕事を成し遂げ、他人を助ける宗教、哲学、公務、教育、司法、医療、社会福祉などが良い。

❷戌月（10月）～ 卯月（3月）に生まれた人の天干に丁火がある場合：
暖房
　　甲木は薪で自分を丁火（溶鉱炉）で燃やして人を暖める。人々を助ける宗教、哲学、公職、教育、司法、医療、社会福祉と関連した分野が良い。特に、冬に生まれたらより良い。

❸月干に丁火がある場合

○ 甲 丁 ○

a) 辰月（4月）〜 酉月（9月）に生まれた人：

生まれたときから月干の親である丁火の仕事がうまくいかず、親を苦労させる（←燃やす）。

b) 戌月（10月）〜 卯月（3月）に生まれた人：

生まれつき月干の親である丁火のやっていることがうまくいくので、生まれつき財物運がある（←暖房）。

❹時干に丁火がある場合

丁 甲 ○ ○

a) 辰月（4月）〜 酉月（9月）に生まれた人：

時干は職場を意味する。丁火は甲木を好むが、甲木は丁火によって自分の体が燃え尽きるので苦労する姿である。仕事は熱心にするが、会社は自分にそれだけの待遇を与えず、同僚に比べて昇進が遅くなる。

b) 戌月（10月）〜 卯月（3月）に生まれた人：

時干の丁火は職場を意味し、丁火は甲木を好み、甲木も丁火を好む。甲木は丁火で自分の体を燃やし、寒い季節には暖房になるので、会社で重宝がられ、仕事をすればするほど昇進が止まらない。

例1）　男性			
時	日	月	年
○	庚	甲	丁
○	甲	辰	未

辰月（4月）、鉄・宝石・金属として生まれた庚金は、辛金となり宝石の輝きで世界を照らしたいと願う。

辰月の丁火は、すべて焼却してしまう。父を意味する月干の甲木（財

66

星）が丁火によってすべて焼かれてしまったため、幼少期は不遇であり、父は病魔に襲われ早くに亡くなった。しかし、父である月干の甲木が自分の体を燃やして年干の丁火の焚き火の炎をさらに強くし、丁火の強い火力で庚金を製錬して辛金にする姿である。したがって、父親が亡くなった後、大企業に就職し、また、家庭を築くこともできた。子供を意味する丁火（官星）が私を利するので子供福があり仲も良い。

　ただし、辰月の甲木は幼い木で大きな材木になりにくいので、会社で大きく出世はできなかった。しかし、大運が秋、冬で流れると、十分に成長した木になるので、大きく成長することができる。また、甲木の横で庚 - 辛金の斧が甲木を叩くと、甲木が割れて薪になり、乙木（木の枝）に変わる。乙木は文化・芸術に素質があるので、歌も上手でよく遊ぶが、隣に丙丁火や壬癸水があると、庚辛金を引き止めて怖がらせるので、そのようにならない。だからこの四柱の主人公は非常に音痴である。

※丁火の職業の一部例：丁火は夜に輝く星なので、電気・電子、携帯電話関連、ユーチューバーや放送・芸能、発明・創作などを選ぶと良い。

例2）　男性			
時	日	月	年
庚	丁	甲	丁
戌	巳	辰	酉

辰月（4月）の丁火（溶鉱炉）として生まれた。4月の年干の丁火は両親を意味する月干の甲木の丸太を燃やし尽くしてしまうため、両親は北朝鮮から韓国に避難してきた失郷民で幼い頃には、経済的に貧しく、苦労が多かった。

　ここで、日干の丁火の任務は時干の庚金の原石を辛金の宝石にすることだ。甲木を薪にして私とそっくりな年干の丁火の火力で庚金を宝石にすることができ、人福と名誉がすごい。

　丁火は銃・剣を意味するので、公安検査官出身であり、また、祈りを象徴しているので、神学校まで出た敬けんなキリスト教信者でもある。

　法務部長官をはじめ、国務総理、大統領権限代行を務めた黄教安（ファン・ギョアン）未来統合党の初代党代表の命式である。

四柱を早くたやすく見る方法〔11節〕…丁

甲乙丙丁戊己庚辛壬癸
ひのと

　10天干のうち4番目の丁火は、空では星を意味し、地上では提灯や焚き火を意味する。

　丁火は生まれた季節（月支）によって、辰月（4月）～西月（9月）は燃やすこと（焼却）、戌月（10月）～卯月（3月）は暖房（温熱器）の2つに分けて解釈する。

　丁火は、自分が暖房だと思いながら人に接するが、受け止める人によって好き嫌いが分かれる。相手の生まれた季節によっては好意的な支持層

が存在するが、良く思われないということも多いという意味である。また、気まぐれなところがあると考えることもできる（ろうそく・灯火は風に揺れやすいので）。

　ナイフや銃・注射（鍼）・釘（釘打＝労働力）を意味するので、会計や計算など精密を要する業務に精通し、何事にも熱心で頭が良い。軍事的に言えば、超精密ミサイルの打撃であり、狙撃手である。

　スライスして食べるステーキやトンカツを好む。おかずは細かく刻んだ小さなカクテキやキムチ、小さなキンパを好み、一度にたくさん食べる大きなスプーンより箸やフォークをよく使う。

(1)			
時	日	月	年
丁	甲	甲	○
○	○	○	○

a. 辰月（4月）～酉月（9月）に生まれた人：
　月干の甲木を救うために日干（私）の甲木が代わりに燃えて犠牲になった。親や兄弟や友人・同僚を救うために自分が犠牲になるなど、義理と犠牲精神がある。

b. 戌月（10月）～卯月（3月）に生まれた人：
　日干の甲木が生きるために月干の甲木が代わりに燃えて犠牲になった。親や兄弟や友人同僚が自分の代わりに寒さに震えている姿で、利己心が強いが、人福があり頭が良い。

(2)			
時	日	月	年
○	甲	丁	癸
○	○	○	○

甲木が丁火に燃えているが、癸水が丁火を剋して火が消えるので大丈

夫だ。しかし、同時に癸水である雨が降ると甲木が太陽（丙火）を見られなくなるので、名誉と財物福が弱く、人生の栄華はない。したがって、事業者よりは勤め人がより適している。

(3)			
時	日	月	年
○	甲	癸	丁
○	○	○	○

a. 雨（癸水）に当たった木

　（夏は生き生きしているが、冬は寒さで凍ったり、雪に覆われた姿）

b. 辰月（4月）～酉月（9月）に生まれた人：

　甲木が雨を浴びて涼しくて良いが、大運で丙火（太陽）が来ると月干の癸水により丙火を見ることができないので栄光がない。

c. 戌月（10月）～卯月（3月）に生まれた人：

　甲木が癸水によって雪雨に濡れ、寒さに震えているので名誉と財物福が弱い。特に冬の甲木に癸水が吹雪いてさらに寒くなるので、順調に仕事が運ばない。

(4)			
時	日	月	年
○	甲	丁	壬
○	○	○	○

a. 辰月（4月）～酉月（9月）に生まれた人：

　甲木が丁火のせいで燃えている。年干の壬水が丁火を合すると火が消えるので聡明かつ賢明である。この場合、大運で太陽の丙火が来ればさらに良い。

b. 戌月（10月）～卯月（3月）に生まれた人：

　年干の壬水が丁火を合すると、火が消えて甲木が寒さに震えるよう

になる。薪の役割もできず、名誉と財物運が弱いので、人生の栄光はない。この場合、事業者より勤め人がより適している。

(5)			
時	日	月	年
庚	丁	甲	○
○	○	○	○

　焚き火、溶鉱炉として生まれた丁火は、甲木の薪を供給してもらって、時干の庚金の原石を溶かして宝石の辛金にするのが任務である。だから丁火は甲木と庚金の両方が好きである。甲木と庚金の両方を愛しているので、甲木が必要なときは甲木に行き、庚金が必要なときは庚金に行く。

　両手に餅を握っているので、ちょっとでも気に入らなければこっちに行ったり、あっちに行ったりするので、女性の場合は離婚する確率が高く、そうでなければ我慢して生きていく。

(6-1)				(6-2)			
時	日	月	年	時	日	月	年
丁	庚	癸	○	庚	丁	壬	○
○	○	○	○	○	○	○	○

　6-1の場合、丁火が庚金を剋すると庚金の岩から水が出るが、隣に壬癸水があると水が多くなるので丁火の火が消え、自分の策略に自分がはまってしまう。

　丁火は庚金（岩・原石）を製錬して辛金の宝石にする使命を持って生まれ、庚金は辛金の宝石になるためには必ず丁火（焚き火・溶鉱炉）の助けが必要である。二人（丁火と庚金）は、お互いに惹かれ合う仲なので、丁火は庚金の誘惑によく引っかかる。男性の場合、女性に弱い。

　女性の場合、壬癸水は腎臓・膀胱・生殖器を意味するが、壬癸水が私の活力である丁火の火を消そうとするので、乳がん・子宮がんなどの婦人科疾患に悩まされる可能性があるので備えたほうが良い。

6-2 が女性の場合、日干の丁火の立場では時干の庚金（財星）が姑で月干の壬水（官星）が夫だ。一生懸命働きお金を稼いで夫に渡しても、夫は私に感謝することを知らない。

日干の丁火が時干の庚金（= 岩、夫の母）を剋すると岩から水が出るが、水は夫である。水が多くなると「丁火」の火が消えるので、私が夫のためにお金を使ったとしても良い話を聞くことができない。夫の母親が事あるごとに夫に告げ口して私を苦しめる。

例 1） 女性			
時	日	月	年
辛	丁	丙	己
亥	巳	寅	酉

寅月（2月）、まだ冬将軍が猛威を振るう寒い冬に、焚き火・溶鉱炉を意味する丁火として生まれた。

私自身が冬の焚き火であり、私の周りに人々が寒さを和らげようと手をこすりながら集まってくるので、温厚で人気が高い。

時干の辛金（宝石）は私の生まれながらの財物福だが、焚き火・溶鉱炉の日干の丁火（私）が宝石を溶かそうとするので危険だ。

幸いにも、光明のような月干の丙火が丙辛合で溶ける直前に辛金の宝石を救出するので、丙火の恩恵がある。

（※四柱を早くたやすく見る方法 [8 節] 天干の親しい文字（合 - 沖）参照）

丙火は外国・栄光・照明・放送・芸能を意味する。これはアメリカのドラマ『フレンズ』の主人公レイチェル・グリーン役を演じて世界的スターの仲間入りをしたジェニファー・アニストンの命式であり、彼女はブラッド・ピットの元妻でもある。

日干の丁火の子供は年干の己土を指し、己土は繁華街・塵・湿った土を意味する。しかし、私にとって良い文字である丙火の太陽が己土の埃に出会い、丙火の顔に埃がついたので、自尊心が傷つく。子供（己土）

のために心を痛める命運なので、子供がいない。

また、他人・競争相手の丙火が私の子を奪い、配偶者座を意味する日支と時支が互いに剋しているので（←巳亥沖）、初婚失敗であることを暗示している（2回目も離婚する）。

例2）　男性			
時	日	月	年
壬	丁	甲	戊
寅	酉	子	午

子月（12月）、寒さが厳しい真冬に、焚き火・溶鉱炉として生まれたが、12月の冷たい風・吹雪の壬水が日干の丁火の火種を消そうとするので危うく見える。

このとき、月干の甲木の丸太が日干の丁火に薪を供給し、高い山を意味する年干の戊土が吹雪である時干の壬水を土剋水で制圧する。よって、戊土と甲木の功があり、親と先祖のおかげがとても大きい。

清朝の康熙帝（こうきてい）の四男として生まれ、少年期には皇太子である允礽（いんじょう）に比べて後回しにされたが、皇権である戊土の心は私にあるので、嫡長子である兄を意味する年支の午火を押し出し（←子午沖）、ついに大権を握った。（※四柱を早くたやすく見る方法［8節］地支の親しい文字（合沖）参照）

13年間の短い治世であったが、康熙帝末期にやや低迷していた皇権を再び盤石の上に置いた清朝の第5代皇帝・雍正帝（ようせいてい）の命式である。

第3章

四柱推命

解釈

戊・己

四柱を早くたやすく見る方法〔12節〕…戊

甲乙丙丁 戊(つちのえ) 己庚辛壬癸

戊土は 10 天干のうち 5 番目の星で、大きな山を意味する。山は一見平穏に見えるが、山の中は動物の弱肉強食が存在する世界なので「闘争の神」と呼ばれる。戊土は、春には万物を宿し育て、夏には梅雨で溢れる水を防ぐ。秋には実がなり、冬には冷たい風を防ぎ暖かさを提供する。

戊土：山・不動産・埃

＊＊＊ **戊土の形状** ＊＊＊

山、夕焼け、霧、闘争、挑戦、警備、寡黙、厚い壁。

＊＊＊ **戊土の職業と専攻** ＊＊＊

中央、仲介、酪農、畜産、皮膚、地質、土木、建築、測量、設計、造園、地理、世界史、不動産、考古学、史学、人類学、ベトナム、中国、賃貸、政治、軍事、司法、医療。

＊＊＊ **戊土の性格：木を育て、鉱物を抱く山** ＊＊＊

❶寡黙で、寛大で、礼儀正しい。

❷包容力があり思いやり深い。

❸柔軟性に欠け、頑固で、原理原則を守る。

❹優柔不断で判断が遅い。

❺仲裁者としての役割が得意で、信用がある。

ギリシャ神話に出てくるイカロスは、蜜蝋で固めた翼が太陽熱で溶けないように「あまり高く上がってはいけない」また、翼が濡れることがないよう「海水に近づいてはいけない」と父親から注意を受けた。それにもかかわらず、鳥のように飛べることの不思議さゆえ、父の忠告を無視してさらに高く、果てしなく上昇したため、熱い太陽熱で翼をつけている蜜蝋が溶けて、翼が壊れ墜落死してしまう。

　太陽は人間に名誉、栄光、光明をもたらすこともあるが、人間の接近を許さない。高く登れば登るほど、その代償を払わなければならない。

　戊土の高い山は 10 の天干の中で丙火を除いて最も高く、太陽に最も近い。太陽を一番最初に見ることもあるが、太陽の光で一番最初に燃えることもある。戊土の山は遠くから見ると静かに見えるが、いざその中に入ってみると動物の喧嘩の場なので、闘争の神や戦争の神とも言われる。そのため、政治・司法・権力機関に従事する人が多い。

　ジョー・バイデン、朴槿恵（パク・クネ）、安倍晋三、尹錫悦（ユン・ソンニョル）、蔡英文、韓悳洙（ハン・ドクス）、テリーザ・メイ、マーガレット・サッチャー、エリザベス1世、ウィンストン・チャーチル、シャルル・ド・ゴール、則天武后、ヨシフ・スターリンなど。

　上記の人たちの共通点は何だろうか？

　その共通点は、名前さえ出せば誰もが知っている有名な政治家ということだけではなく、ほとんどの場合、子供が亡くなっていたり、障害があったり、子供がいないということである。日干を基準に名誉のある四柱かどうかを把握するとき、太陽の丙火や官星を見て解釈する（←戊土の日干でなくても）。名誉が上がれば上がるほど、名を馳せれば馳せるほど、六親上の子に該当する官星が太陽に近づきすぎる形である。

　戊土の日干が男性の場合、甲乙木（官星）が子供である。名誉が上がれば上がるほど、子供である官星が太陽の熱に溶けてしまい、子供のせいで悲しいことが起こることがある。

例1)			
時	日	月	年
戊	丙	甲	○
○	○	○	○

　日干の丙火の太陽が西の山を越えている。戊土の山が丙火の隣にある場合、西の山・夕焼け・土埃で表現する。太陽は強烈な存在感そのものなのに、戊土の土埃が太陽の輝きを曇らせて良くない。

　丙火の日干が女性の場合、戊土は六親上では子（食傷）を意味するが、甲乙木があっても土埃が詰まっているので、子供を出産した後、丙火が甲乙木をうまく成長させることができない。能力があっても大きな抱負や目標を実現することは難しい（戌月〜卯月生は除く）。

　このとき、甲乙木は鞭と棒を意味するので、職業は教育者や公務員、会社員を選ぶと鞭で埃を払うので大丈夫だ。

　戌月〜卯月（10月〜3月）に生まれた人は、戊土が寒さを防ぐ外壁またはビニールハウスと解釈して風除けの役割を果たすので、財物福が

ある。天干に戊土と甲乙木があり、地支に寅卯辰があり、その根がしっかりしていれば、自分が使い果たしても、子供に受け継ぐほど財産が多い。

時	日	月	年
丁	丁	壬	戊
未	丑	戌	辰

※ 表上部に「例2）　男性」

戌月（10月）、晩秋の焚き火を意味する日干の丁火として生まれた。

晩秋の焚き火が時干の丁火の焚き火と重なって大きな焚き火になったので、真昼（明）のようである。寒くなり始めると、寒さをしのごうと周りに人がたくさん集まってくる。しかし、着実に燃え続け、火力が強くなければならない丁火の焚き火を月干の壬水（谷水）が丁壬合で消そうとするので、難局に陥っている状況だ。

乱世とは、戦争や無秩序な政治などでめまいがして生きづらい世の中を指すが、上の四柱の様子がそうだ。火を消そうとしている壬癸水の隣に戊己土があれば、乱世の英雄を意味する将軍や医師、国家指導者になって乱を平定し、名を馳せて国を救う。

権力・政治・闘争を意味する年干の戊土が乱世の原因である月干の壬水を土剋水で制圧し、消えかけの焚き火を救う。中国の混乱した元朝末期のめまぐるしい乱世を平定して明朝の初代皇帝に即位した明の太祖朱元璋（しゅげんしょう）の命式である。

丙寅の大運41歳の戊申年に戊土が太陽を見るようになるが、このとき、戊土の力が頂点に達し、皇帝に即位した。

己巳の大運71歳の戊寅年には、大運の己土が月干の壬水と出会い泥沼化した状況で、大運の地支の巳火が日支の丑土に巳丑合で石が転がってくるような形なので、死に至る。

皇太子朱標（しゅひょう）を含む三人の息子が四十歳前にすべて早世し、父の朱元璋より先に逝ってしまったので、孫の建文帝（けんぶんてい）が皇位を継いだ。子供に

対する苦悩は、現代の有名な政治家や企業家と、600 年前の歴史上の人物も同じで、歴史はぐるぐる回る車輪のようだと膝を打たずにはいられない。

例3) 男性				
時	日	月	年	年運
丙	戊	丙	丙	壬
辰	寅	申	戌	午

申月（8 月）、初秋の大山の戊土として生まれた。

日干の戊土の存在感を高めてくれる太陽の丙火が三つもあるので、名誉は尽きないが、丙火の太陽の炎が過剰なので、短気で火のようだ。

家を意味する月支の申金と、私または配偶者を意味する日支の寅木が寅申沖で剋しているので、家を出て自分で成功する。

2002 年の壬午年に戊土の財星である年運の壬水と、官星である日支の寅木が寅午合をして喜ぶ姿だ。大韓民国第 16 代大統領に当選した盧武鉉（ノ・ムヒョン）の命式である。

例4) 男性			
時	日	月	年
壬	戊	戊	甲
戌	戌	辰	辰

　辰月（4月）、大きな山を意味する戊土として生まれた。

　戊戌2つの大きな山が月干と日干に並んでいるので、ジャングルのような深山幽谷と表現する。

　渓谷の水を意味する時干の壬水が悠々と流れており、年干の大木を意味する甲木が肥えた土地である辰土に根を下ろしてしっかり立っているので、裕福さに恵まれている。

　しかし、丙火の日差しは一点も見当たらず、広大で深い山に年干の甲木が一人で立っていて、一人でその大きな密林を背負うには衆寡不敵である。深い山の中には凶暴な獣しかおらず、誰も訪れる人もいないので、孤独で寂しい人生である。

　天干の戊戌、地支の辰辰戌戌で原局の八字のうち六字が土で構成されているが、甲木一人でその多くの土をコントロールするには官星である甲木の力が弱すぎて、いつか木が折れそうで不吉である。

　この場合、子もなく、結婚もできず、一人で孤独に生きなければならない命運だが、裕福な家系出身の美しい女性と結婚して家庭を築き、

1997 年 33 歳になる年に子宝にも恵まれた。しかし、その年の 12 月に本人が希少癌で死亡した。

25 歳から始まる辛未の大運、大運の地支の未土と原局の地支の戌土が戌未刑で一度激しくぶつかったが、1997 年の丁丑年、年運の地支で再び丑戌刑、辰辰刑、丑戌未三刑で大運と年運で立て続けに殴られた。その威力はまるで地震、土砂崩れのようなので、日干の戊土と年干の甲木が巻き込まれて、跡形も見当たらない。

フェラーリ、マセラティなどで有名な、イタリア最大の自動車メーカー Fiat グループ（現・Stellantis Italy）の相続人である Giovanni Alberto Agnelli（ジョヴァンニ・アルベルト・アニェッリ）の命式である。

COLUMN

四柱に財星が一つもないのに数十億の建物主だ

　四柱に少しでも興味がある人なら、「四柱に財が一つもなければ、一生貧乏でなければならないのか」という疑問を一度は抱いたことがあるだろう。結論から言うと、まったくそうではない。それはただ、日干の基準で四柱解釈をしたときに財がないだけである。したがって、そのような疑問を持つこと自体にいくつかの誤りがある。その理由を以下のように説明しよう。

　国軍の日の式典を見ると、数多くの兵士たちが列を合わせて一歩の狂いもなく行進するのを見ることができる。それは基準となる列があちこち動かないからだ。学生時代の体育の時間に体操の隊列で「集合！」「前にならえ！」と復唱すると基準として動かないで立つ

ている人がいるように、四柱にも同様に基準がある。年・月・時の中で日干の私が基準を合わせ、残りの年・月・時が日干にどのような影響を与えるかを把握することが四柱解釈の核心だ。

　日干は基準であるため、普段はじっとして動かず、何もせず、ただ眺めている存在である。したがって八字の中で日干は例外的な存在である。しかし、やむを得ず動かなければならない状況では、基準自体が動いてしまって、四柱全体が揺らぐのでかなり危険である。むやみに基準を動かすと、それに代償が必ず伴う。それは、子供がいない、障害、異母兄弟、初婚失敗、人生の余裕がないなどの様々な形で現れる。

　四柱推命を解析する方法は数十種類あるが、その中で代表的な5つを挙げるとしたら、

❶日干を基準に見る方法（←最も多く使われる方法）

❷年干を日干に置き換えて見る方法

❸日干の次の五行（食傷）を日干として扱って見る方法

❹剋を受けた（殴られた）文字を日干として扱って見る方法

❺年運の天干と四柱の原局に同じ文字がある場合、原局の同じ五行を日干として扱って見る方法。

　四柱推命の勉強をすればするほど、日干だけでは四柱推命の解釈に限界があることを感じるときが来る。固定概念を捨てて、多様化しないと、実力向上にはならない。

例1）　男性			
時	日	月	年
丙	庚	丙	壬
戌	午	午	子

午月（6月）の初夏に、原石と岩を意味する庚金として生まれた。四柱に財が一つもない。両側に二つの太陽の丙火が灼熱の炎を吐き出し、地面は一面火の海である。

　一般的に見るように日干の庚金を基準に四柱の解釈をすると、私の全身が熱で溶けるので、一生お金のために苦労し、精神疾患・心臓病などに苦しむことになる。ところが、この四柱の主人公は数十億のビルを持つ資産家である。

　月干、時干の二つの丙火は太陽・栄光・光明を意味することもあるが、高い建物として太陽の近くにあるので、高層ビルとも解釈する。

（※四柱を早くたやすく見る方法［7 節］丙火のイメージ参照）

　　年干の壬水の立場から見れば、火の海ではなく、すべてお金である（財星）。また、初夏の暑さを私が大河・海（壬水）として生まれ、涼しくしてくれるので、十分にその多くのお金を扱うことができる。

例 2)　男性			
時	日	月	年
丙	庚	辛	丙
戌	申	丑	辰

　丑月（1月）、北風寒風の強烈な寒さで庚金が割れるほどである。

　このようなとき、焚き火・溶鉱炉を意味する丁火が熱を加え、寒さも溶かしてくれて、庚金の原石を宝石にしてくれると良いのだが、丁火は見当たらない。仮に丁火があったとしても、金の気運と冬の水の気運が過剰で、丁火がその役割を果たせるかどうか疑問である。

　このとき、真夏の太陽には及ばないが、年干・時干の冬の丙火（太陽）が私を照らしてくれ寒さも防いでくれる。ここでは、丙火は官星、会社、国家機関であり、庚金が丙火によって輝き、社会的に出世す

る姿である。ただし、他人と競争相手を意味する月干の辛金が年干の丙火を合することで、年干の丙火の陽光を遮るので、少年期は家が貧しく中学にも通えなかった。それでも米屋の見習いから始まり、紆余曲折の末、1954年にフォルモサプラスチックグループを設立した。

　2008年のフォーブスの調査によると、彼の財産は55億ドルで、事実上台湾最高の大金持ちであった王永慶（おうえいけい）の命式である。

　丙火の職業である電気、電子、照明、レーザー、エネルギーなど関連した分野を選べば大きく成功できる。

※プラスチック（plastic）。プラスチックは熱または圧力によって成形できる有機物基盤の高分子物質及びその混合物を指す用語だ。

例3）　男性			
時	日	月	年
丁	庚	己	戊
亥	午	未	辰

　未月（7月）、暑さが猛威を振るう真夏に庚金の原石として生まれ

85

た。 庚金の願いは辛金の宝石になることだが、時干の丁火の溶鉱炉が庚金の隣にあり、宝石になる条件を備えている。

しかし、丁火の火力を強くする安定した燃料となる甲木が天干にないのが残念だ。

このとき幸いにも、地支の辰の中に乙木、未の中に乙木、亥の中に甲木、日支の午火、そして月支の未土と時支の亥水が亥未合木局を形成して溶鉱炉が活き活きと燃えるように燃料を提供するので、甲木がない点は十分に克服できる。

父親の宮である月干の己土が湿った土となり、丁火の溶鉱炉の炎を妨げているため、幼少期に父親を早く亡くし、高校中退で家庭環境は裕福ではなかった。

幼い頃苦労したが、プラスチック工場の仕事から始まり、後に商業用建物投資、ホテル経営で大きな富を蓄積した。

商業用不動産で成功した理由は、例 1 ）の丙火は一般的な高層な建物を意味するが、例 3 ）の場合は丁亥時（21:00〜23:00）であり、丁火が眠る前の暗い夜に明るく照らす商業用の建物（商店街）を意味するからである。

また、丁火は夜空の星と焚き火として、道に迷った旅人の道しるべとなるため、四柱の主人公は不動産・ペンション・ホテル（カジノ）・モーテルなどの宿泊施設で成功することができた。

不動産で大成功した華僑 3 大巨匠の一人であり、アジア最高金持ちの一人である李嘉誠（りかせい）の命式である。

（※四柱を早くたやすく見る方法 [10・11 節] 丁火を参照）

四柱を早くたやすく見る方法 〔13節〕…戊

甲乙丙丁戊己庚辛壬癸

戊土のイメージ: 山・夕焼け・霧・闘争・挑戦・警備・寡黙・政治・権力機関（軍人・検察・警察）

戊寅: 山の中の虎、トンネル、寂しさ、孤独

戊辰: 沼地、野原、広場、市場、糞尿、肥料

戊午: 火山、マグマの噴出

戊申: 巫女、占い師、交通、交差点

戊戌: 泰山、電車、運動場、学校、宗教

戊子: 山と海、山の中のリス、海岸沿い

❶戊土の隣に甲木がある場合

甲 戊 ○ ○ ／ ○ 戊 甲 ○

　戊土の大きな山が甲木を育てる姿だ。戊土と甲木が合・剋を受けなければ、多くの実がなる美しい木のように見えるので、人生に努力した甲斐がある。ここで、丙火があればなお良い。

　甲木が多すぎる場合は、忙しくても期待したほど仕事がうまくいかないし、また乙木があると甲木に比べ実りが少ないので、老後対策が必要である。

❷戊土の隣に乙木がある場合

乙 戊 ○ ○ ／ ○ 戊 乙 ○

　　丙火の太陽がなければ山に咲く日陰・陰地の花で野生の花、芝生などで表現し、太陽を意味する丙火がなければ、概ね財物福と名誉が弱い。しかし、天干に丙火があり、地支に辰土があり、剋を受けなければ財物福と名誉があり、花に蝶や蜂が集まってきて異性に人気があり、人福も良い。ただし、秋冬の野生花は蜂や蝶がいないので、人福が良くない。

❸戊土の隣に丙火がある場合

　丙 戊 ○ ○ ／ ○ 戊 丙 ○

　　戊土の山の存在感を高めてくれる丙火が合と剋を受けなければ名誉があることを意味する。このとき、戊土の隣に甲乙木があれば、多くの実がなり、美しい花が咲く条件を備えているので、努力した甲斐があり財物福がある。しかし、地支の構成と季節によって違いはある。

❹戊土の隣に丁火がある場合

　丁 戊 ○ ○ ／ ○ 戊 丁 ○

　　燃える火である丁火によって山火事が起きて山が猛烈に燃えている姿なので、癇癪が起こりやすく、財産があっても予期せぬ状況によって一度になくなり虚無感を感じる場合がある。この場合、癸水があれば火を消すことができるが、山に雨が降っているので寂しいのは同じだ。したがって、戊土と丁火は離れた方がいいし、丁壬合があれば山火事と解釈しない。

❺戊土の隣に戊土がある場合

　戊 戊 ○ ○ ／ ○ 戊 戊 ○

　　山と山が集まっている姿である戊戊は、高い山に囲まれた山中を意味する。甲乙木がないと広い土地に何を植えるべきかわからず、

職業や業種が頻繁に変わり、いろいろなことを学ぶこともある。しかし、収穫するものがないので、財産で苦労しないためには、事業者より勤め人をした方が良い。

　財に関しては、日干の戊土はライバル・兄弟・同僚を意味する他の戊土（比劫）と分けなければならないので、支出が多く貯蓄が難しい。

　戊土は山または広い土地であるが、隣に広い土地の戊土がもう一つあるので、広大な野原をバタバタと走っているように解釈する。したがって、外国・旅行・運輸・貿易関連業種に適している。

❻戊土の隣に己土がある場合

　己 戊 ○ ○ ／ ○ 戊 己 ○

　高い山である戊土と繁華街、平地である己土を混ぜると、山を開墾した農地または天水田と表現する。天水田は、ひたすら空から雨が降るのを待ったり、遠い村まで水を汲みに行かなければならず、心身が疲れるので財物福が弱く、心苦しい。

　このとき、隣に空から降る雨を意味する癸水があれば、水を汲み

に行く必要がないので、一時的には簡単にお金を稼ぐことができるが、壬水は小川・渓谷の水なので、苦労して稼ぐお金だ。また、己土は戊土の財である甲木を合するので、財物福が弱い。

❼戊土の隣に庚辛金がある場合

庚 戊 ○ ○ ／ ○ 戊 辛 ○

　戊土の横に庚辛金があり、甲乙木がなければ鉱山を意味し、甲乙木があれば石山を意味する。鉱山を意味するときは生まれながらの財物福があるが、石山を意味するときは甲乙木に多くの実がならず、花を美しく咲かせることができないので、努力した甲斐がなく、財物で苦労することがある。このとき、庚辛金を丙丁火で合・剋すれば能力を認められるが、丁火は山火事が起きる可能性があるので戊土と離れていた方がいい。

　甲乙木は人情があり会話が好きだ。しかし、甲乙木が庚辛金に合・剋されると、冷静だったり過激になったりする。特に女性は夫と別れて子供と生活したり、夫の仕事がうまくいかず、財産面で苦労することがある。この場合、丙丁火や壬癸水で庚辛金を合・剋したり洩気※して甲乙木を保護すれば人情があり、自制心もある。

※洩気：五行の気が排泄される現象で、五行に対して相生となる五行がある状態をいう。五行の立場からすると、力が抜ける様子である。例えば、木→火（木生火）、火→土（火生土）など。

❽戊土の隣に壬癸水がある場合

壬 戊 ○ ○ ／ ○ 戊 癸 ○

　戊土の隣の癸水は雨が降って霧が立ち込めた姿であり、戊土の横の壬水は山の上に多く水があり、谷水・貯水池の姿だ。甲乙木があっても、多くの水で根が腐るので、実が多くつかず、美しい花にもなれず、財産に苦労することがある。特に、癸水は戊土の存在感を高めてくれる丙火の光を曇らせるので、壬水よりも名誉をさらに弱め

る。このとき、戊己土（比劫）がいて壬癸水を合・剋すれば、不動
産・建築・建設・土木などの戊己土に関連する分野で努力が報われ
る。しかし、比劫に頼る場合、既婚者との縁がある可能性がある。

例1）			
時	日	月	年
○	戊	己	甲
○	○	○	○

　戊土は高い山を意味し、己土は繁華街または平地を意味する。戊土の
隣に己土がある場合、丘陵・天水田として山は切り開かれた農地となる。
雨が降るのをひたすら待たなければならなかったり、山の下の川に水を汲
みに行かなければならないので、何事も順調ではなく、人生の曲折がある。
　同僚・兄弟・姉妹・競争相手を意味する月干の己土が官星である年干
の甲木（男性・夫）と合をし、私を排除する。したがって女性の場合、
婚期が遅れたり男性に興味がない。

例2）　女性					
時	日	月	年	大運	年運
癸	戊	辛	辛	戊	壬
丑	寅	丑	卯	申	辰

　丑月（1月）、誰もが暖かい春を待つ時期に、戊土の大きな山として
生まれた。雨・霧を意味する時干の癸水が戊癸合で縛られているので、
雨の降る山、霧に覆われた山と解釈する。山に雨が降っていると訪ねて
くる人がいないので、家庭を築けなかったり、孤独で寂しいことを暗示
する。しかし、父母宮を意味する月干と年干の辛金が積み重なっている。
これは、輝く宝石が山のように積み上がっている様子なので、親の恩徳
がすごい。
　61歳から始まる戊申の大運、2012年の壬辰年12月壬子月、戊土の悩

みである時干の癸水を大運の戊土が戊癸合で取り除き、大運の地支の申
金、年運の地支の辰土、月運の地支の子水が申子辰水局で財局を成して
戊土の倉庫を宝石と金銀財宝で一杯に満たした。

　大韓民国第 18 代大統領に当選した朴槿恵（パク・クネ）の命式である。

| 例3)　女性 | | | |
時	日	月	年
辛	戊	庚	丁
酉	寅	戌	亥

　戌月（10 月）、晩秋に大山である戊土として生まれた。戊土の隣に庚
辛金があると鉱山、または宝石山と表現されるが、このとき、丁火があ
り、庚辛金の宝石を掘り出して市場に出せば、富と名誉が付く。

　しかし、年干のつるはし（炉）である丁火が月干と時干にある庚辛金
（宝石）を掘り出すには、安定した燃料の供給を意味する甲木がないの
でやや不安だ。月支の戌の中に丁火があるが、支蔵干に隠れているので
甲木に比べれば圧倒的に足りない。

　このとき、日支の寅木が休火山である月支の戌土と寅戌合をして火局
になり、年干の丁火の火力を高めて庚辛金である宝石を一生懸命掘り出
し、1992 年 11 月、夫のビル・クリントンを大統領に当選させた。米国
大統領のファーストレディであり、第 67 代国務長官を務めたヒラリー・
クリントンの命式である。

　日支が配偶者宮であり、夫星である官星に該当するので、さすがに配
偶者福は相当だ。ただし、夫の星である日支の寅木が私ではなく、別の
女性である月支の戌土（比劫）と虎視眈々と「合」をしようとするので、
性的スキャンダルで大きな恥となったのは、ファーストレディになった
代償というべきだろうか。

　　※本人がビル・クリントン以外の他の男性と結婚しても、その人が大統領になっただろう
と言った逸話はかなり有名である。

四柱を早くたやすく見る方法
〔14節〕…己

甲乙丙丁戊己<ruby>己<rt>つちのと</rt></ruby>庚辛壬癸

　己土は10の天干のうち6番目の星で、水分の多い湿った土地であり、人が多く行き交う繁華街を意味するので、交わりの神とも言われる。

　己土は四通八達の要衝地であり、必要不可欠な存在なので、多くの人が訪れ、人気がある。しかし、人や車がたくさん通るため、悲しいことも多く起こり、涙の星でもある。通常、官星は国家機関（裁判所・警察署）を意味するので、人々は怖がって避けるが、己土は相剋である甲木（官星）が剋して罰することを恐れないので（←甲己合をするので）、怖がらず、上司にも屈せず堂々としている。己土はまた、雲を意味するので、甲木を好み、乙木を嫌う。 その理由は、甲木は己土と甲己合をして己土の地を潤わせるが、風を意味する乙木は己土を木剋土して雲を散らすからである。

己土：田畑・盛り場・濡れた土

＊＊＊ 己土の形状 ＊＊＊

　農地、雲、繁華街、運動場、印刷、文房具。

己卯：野原のウサギ、薬草、ゴルフ場、麦畑

己巳：四通八達、市場

己未：枯れた土地、砂、草花、運動場、墓地

己酉：鉄筋、丈夫な建物、賑やかさ

己亥：コンクリート、コンテナ、港湾

己丑：田畑を耕す牛、勤勉、トラクター、砂、ゴルフ場、農場

＊＊＊ 己土の職業と専攻 ＊＊＊

中央、四季、仲介、仲裁、酪農、畜産、工房、農業、農場、皮膚、地質、不動産、建築、土木、造園、設計、測量、環境、地球科学、都市工学、工芸、レジャー、民俗、陶芸、スポーツ、鉄道、ジム。

＊＊＊ 己土の性格 ＊＊＊

花や木を育てる果樹園（野原）―― 交流と社交の神。

❶愛情深く、気さくで、涙もろい。

❷社交性があるので、知り合いが多く、交際範囲が広い。

❸敵を作らず、紹介や仲人をよくする。

❹対話と妥協の神である。

❺自己主張とプライドが高い。

例1)				例2)			
時	日	月	年	時	日	月	年
○	己	甲	○	○	己	乙	○
○	○	申	○	○	○	酉	○

例1)、2) のように申酉戌（8・9・10月）月の秋に生まれた己土の隣に甲木または乙木がある場合、己土は田んぼ・畑・果樹園を意味し、甲乙木は果物・米・高麗人参などの農産物を意味する。

結実の季節、秋に収穫物を守る人がいないため、誰かに盗まれるのではないかと不安になり、小屋やかかしを立てておくが、不審者が多く、泥棒が入りやすく、収穫物を失ってしまう。

対応策としては、レンタカー、スペースレンタル、書籍レンタル、スタディカフェ、簡易宿泊施設などのレンタル業が適している。

例2) の四柱で日干の己土は道端・繁華街を意味し、乙木は道端に咲く花として社交性と人柄が良い。ただし、人々が通りすがりに写真を撮っ

て見物するだけで良いのに、道端の花は必ず一度は触ってみる。したがって、手垢がつくことがあるので健康に注意しなければならない。また、異性関係で悩まされることもあるので、夫婦間では、お互いに隠し事はせず、本音を吐露するのが良い。

		例3)　男性		
時	日	月	年	22年
己	甲	乙	甲	壬
巳	申	亥	辰	寅

亥月（11月）、初冬の甲木、実の木として生まれた。

冬の木として生まれ、時干の己土の窮屈で小さな土地に年干の甲木、月干の乙木、日干の甲木、あらゆる作物を植えて育てようとする。

小さな土地に木と農作物がぎっしり詰まっているので、栄養分が不足し、収穫量が少ないので、幼い頃は家庭環境が豊かではなかった。しかし、月干の乙木は文化・芸術・体育を意味するので運動に素質があり、日干・月干・年干が甲木・乙木で木が密集しており、競争心が強いので職業軍人としての夢もあった。

（※四柱を早くたやすく見る方法［4節］参照）

しかし、甲木の実の木を時干の己土が甲己合で引っ張って倒すので、己土のせいで曲がった木になり、実が多くならないので不吉である。

また、己土は物としてはお金とも解釈されるが、人としては女性に該当する。

これは、2018年己亥年に秘書への性的暴行事件で収監された安熙正（アン・ヒジョン）元忠清南道知事の命式である。

2022年壬寅年、年運の地支の寅木が私の住んでいた家である月支の亥水を寅亥破で衝撃を与え、そのとき住んでいた家にあたる刑務所を出所した。

	例4)	男性		
時	日	月	年	大運
○	己	甲	壬	己
○	亥	辰	寅	酉

辰月（4月）の田植えが始まり、万物が再起動する晴れやかな春の日、農地・果樹園・農道である己土として生まれた私は、畑に何を植えて金持ちになろうかと夢に胸を膨らませ、やる気に満ち溢れている。

己土として生まれた私が農作物である月干の甲木を甲己合で引っ張っり農作物の実が私の前庭に流れ込むように入ってくるので、幼い頃から賢く、全校1、2位を争うほど勉強ができ、他の兄弟に比べて両親の関心を一身に受けた。しかし、上記の四柱で年干の壬水（財星）は貯水池・河川を意味するが、虎視眈々と己土の田んぼを台無しにしようとするので不安だ。

42歳から始まる己酉の大運に、甲己合で今まで氾濫を防いでいた月干の甲木を、大運の天干の己土が月干の甲木と甲己合をして原局の甲己合がほどけてしまった。それによって、年干の壬水の貯水池の堤防が決壊して田んぼを荒らされる姿だ。順調な仕事を辞めて飲料水事業に飛び込んだが、倒産し家族全員が一生苦労した。

四柱に水が多く、貯水池の氾濫を防いでくれる甲木に頼っているとき（←甲己合）、甲木は己土にとって官星なので、甲木に該当する公務員・公営企業・会社員（経済・経営・金融関連）が向いている。

		例5） 女性		
時	日	月	年	大運
乙	己	戊	己	辛
丑	酉	辰	巳	未

　辰月（4月）、田植えが始まる初春、田んぼを意味する己土として生まれた。己土は田んぼ以外にも交差点・繁華街を意味し、己土の使命は乙木の花を美しく育てて人々を喜ばせることである。

　年－月は未婚、日－時は既婚を意味し、父母宮である月干の戊土は高い山を意味するが、四柱の姿は高い山に孤独に咲く一輪の花のようである。大半の人は、花を見るために高い山まで苦労して登ることがないので、幼少期は両親の離婚と厳しい家庭の事情で栄養失調になるほど不遇だった。困難な時期である少女期を過ぎ、21歳で辛未の大運に入ってからは、大運の地支の未土と原局の時支の丑土が「丑未沖」で発動し、トラクターや耕運機で田んぼの土を耕す姿である。今まで、時干の乙木の花がうまく育たない原因だった不要な雑草と石を取り除く運が入って、ようやく美しい花に生まれ変わる。『ローマの休日』、『ティファニーで朝食を』などで世界的な名声を得た映画女優オードリー・ヘプバーンの命式である。

　ここで乙木の花の隣に己土があれば道端で育つ花と解釈する。しかし、

人々が通りすがりに見物をして写真を撮るだけならいいのだが、必ず一度や二度は触る人がいるので、健康を害する可能性がある。やはり生後数ヶ月のとき呼吸器疾患で命が危うくなった。その後遺症に悩まされ健康状態が悪く、結局大腸癌で64歳を越えずに亡くなった。

　時干の乙木は六親上夫に該当するのだが、年干の己土と月干の戊土であちこちの家に根を下ろす形なので、最初の夫も2番目の夫も不倫を繰り返し、2回の結婚とも私に傷を負わせた。

四柱を早くたやすく見る方法 〔15節〕…己

甲乙丙丁戊己（つちのと）庚辛壬癸

❶己土の隣に甲木がある場合

○己甲○／甲己○○

　甲己合で己土は虚弱な木を育てるので、実があまりつかない。お金

のことで苦労しないためには勤め人が一番良い。

　父母宮である月干に甲木があれば両親から財産を相続できることを意味し、時干に甲木があれば会社生活はうまくいくが、丙火がなければ名誉は平凡である。

❷己土の隣に乙木がある場合
　○ 己 乙 ○ ／ 乙 己 ○ ○
　己土が乙木を育てる姿として、文化・芸術に生まれ持った才能と関心がある。

　このとき、丙火があり、合・剋を受けなければ、美しい花になれる条件となる。また、花には蜂や蝶が集まるように、若い頃は異性に人気があり良いが、道端の花は一度や二度触る人が多いので、異性関係が複雑になることがある。

❸己土の隣に丙火がある場合
　○ 己 丙 ○ ／ 丙 己 ○ ○
　丙火は己土を輝かせようとするが、雲である己土は丙火の輝きを曇らせるので、瞬間の利益に執着し、体面とプライドを捨てる行動をすることがある。したがって、己土と丙火は互いに離れている方が良い。

❹己土の隣に丁火がある場合
　○ 己 丁 ○ ／ 丁 己 ○ ○
　燃える火である丁火によって田畑に火がついたと解釈されるので、気が病み財物が集まっても、予期せぬ状況によって一瞬にして失う虚しさがある。

　この場合、癸水があれば火は消すことができるが、田んぼに雨が降っているので良くないのは同じ。したがって、己土と丁火は互いに離れている必要があり、丁壬合は火が出たと解釈しない。

❺己土の隣に戊己土がある場合

　　○ 己 戊 ○ ／ 己 己 ○ ○

　　己土と戊土が一緒に付いていれば、丘程度の小さな農地を意味し、己己は広い面積の土地を意味する。

　　甲乙木がないと、広い土地に何を植えるべきかわからず、職業や業種が頻繁に変わり、あれこれ多くを学ぶこともあるが、収穫するものがなく、財産で苦労することがある。したがって、会社生活が適している。しかし、丙火がなければ、名誉は平凡である。

❻己土の隣に庚辛金がある場合

　　○ 己 庚 ○ ／ ○ 己 庚 丁

　　己土の隣に庚辛金がある場合、甲乙木がなければ宝石が入った倉庫を意味して生まれながらの財物福がある。

　　しかし、甲乙木があれば己土は石の地となる。そのため、実はならず、美しく花が咲くこともできず、努力した甲斐がなく、財物に苦労することがある。このとき、丙丁火がいて庚辛金を合・剋すれば、丙丁火と関連した分野で能力を認められるが、丁火は己土と離れていなければならない。

❼己土の隣に壬癸水がある場合

　　○ 己 壬 ○ ／ 癸 己 ○ ○

　　己土の隣の癸水は田んぼに雨が降る姿で、壬水は多くの水が溜まっていることを意味する。甲乙木があっても実が多くならず、美しい花にもならないので、財物で苦労することがある。特に、癸水は己土の存在感を高める丙火の光を薄暗くするので、壬水より名誉をさらに弱くする。このとき、戊己土（比劫）がいて壬癸水を合・剋すれば、これに関連する分野で財物福はあるが、しかし、比劫に頼る場合、既婚者と縁がある可能性がある。

				例 1）	男性	
時	日	月	年	大運	24年	11月
己	己	甲	丙	壬	甲	乙
巳	未	午	戌	寅	辰	亥

　午月（6月）、灼熱の太陽の下、田んぼ・畑・繁華街・湿った土地を意味する己土として生まれた。

　曲がった実の木（←甲己合）が丙火の太陽の日差しを浴びて実がたわわに実り、生まれながら月干の甲木の実（または農作物）が私の前庭の日干の己土に落ちた（←甲己合）ので、親の功徳が大きい。

　曲がった実の木（農作物）を年干の丙火が慈悲深い日差しでまっすぐ立ててくれるので、丙火の徳がある。したがって、他人の前で自分の才能を発揮する放送・芸能・政治・教育分野で大きく頭角を現す。

　また、本人が己土の繁華街として生まれたので、ビルなどに興味関心を持つ。地支に巳午未火局を形成して火の海になったので、せっかちで軽薄だが、ショーマンシップがある。（※四柱を早くたやすく見る方法[7節]参照）

　火の海なので、壬癸水で火を消さなければならないのに、四柱に一点の水も見えず、困った状況だ。幸い、時干の己土（湿った土、不動産）が火を覆って消してくれる。兄弟や仲間の人徳があり、己＋己で田んぼが合わさって広大な大地になるので、不動産で大きく成功したアメリカの第45代大統領ドナルド・トランプの命式である。

己（田んぼ）＋己（田んぼ）＝広大な大地

戊（山）＋戊（山）＝密集した山中

78歳の壬寅の大運に、寅午戌火局で火事があり、甲木の実の木が燃え尽きることになったが、今回も己土の湿った土で火を消して起死回生できるだろうか？

2024年甲辰年の当選を意味する甲木（官星）が「私」を意味する日干の己土を後にして時干の己土（競争相手）と先に合をしているが、日干の己土とも合をしているので激しい争奪戦が予想される。大統領選挙が行われる11月乙亥月に月運の地支である亥水（財星）が出て亥未合をしているので、期待してみる価値はある。しかし、大統領選挙運がトランプ氏に有利であっても、共和党の予備選通過の可否と最終的な相手候補の四柱が重要だ。

例2）　男性				
時	日	月	年	年運
○	己	己	乙	壬
○	巳	卯	丑	寅

卯月（3月）、初春の己土の繁華街・農地として生まれた。 己土は社交の神様で、信奉者が多く、話がうまい。生まれてすぐに日干の己土と月干の己土が合わさり、己己の広い土地となり、支配する領土が増えるので、四柱の主人公が生まれてから親のすることがうまくいく。また、広い土地を年干の乙木の鍬で耕し焼き土するので肥えた土地である。

年干の乙木は官星であり外国の意味もあるので、アメリカのハーバード大学で勉強し、また韓国に戻ってきて、若くして与党の党首になった。これは、李俊錫（イ・ジュンソク）の命式だ。

しかし、初春の若い花である乙木は、自分はもう大人になったと思い、

大人のように振る舞うが、まだ成長していない。2022年壬寅年、年運の地支の寅木（官星）が自分の体と配偶者を意味する日支の巳火を寅巳刑で衝撃を与えたため、懲戒を受け党代表職を失った。

　年干の乙木の花は太陽の丙火を見れば満開になり、世の中を楽しませることができるが、丙火が日支の巳火の中に隠れていて残念である。日支に隠れている丙火は配偶者を意味し、結婚後、配偶者が太陽の丙火を持ってくるので、花が満開になることを期待することができる。

例3）　男性			
時	日	月	年
戊	己	癸	辛
辰	亥	巳	未

　巳月（5月）、暑くなり始める初夏（または晩春）に、田んぼ・繁華街を意味する己土として生まれた。

　日干の己土の使命は、丙火の太陽の光を受け、甲乙木を立派に育てることである。しかし、甲乙木を育てることはおろか、今にも、月干の癸水の雨風に己土の田んぼが水浸しになり、1年の農作業を台無しにするほどだ。

このとき、時干の戊土が月干の癸水を戊癸合で鎮めれば良い命運になるのだが、年干の辛金が土生金・金生水で通関※させながら戊癸合をできないように解いてしまうので、年干の辛金の存在が残念で恨めしい。

※通関：二つの五行が激しく対立しているとき、その対立を仲裁（和解）してくれることを意味する。例えば、木と土が対立しているとき、火は木生火火生土で通関させる役割を果たす。

　年柱は時期的には０歳から20歳までを指し、また、年干の辛金は食傷として、自分の心、すること、行動、結実を意味する。年干の食傷の悪行は、両親の離婚、父親のギャンブル、浮気、不倫に現れ、その時期に大いに不遇だった。

　ただし、土生金・金生水で循環はできていたためか、成人後、工事現場や風俗店で肉体労働をし、少なからずお金を稼ぐことができた。

　しかし、月干の癸水の雨水が年干の宝石を錆びさせるので、お金を稼げば稼ぐほど、財星が辛金を錆びさせる。財星は父親を意味し、配偶者にも該当するので、結婚後、３人の子供を授かったが、配偶者が若くして早世した。

　もう一つの理由は、配偶者星である月干の癸水（財星）が日干の己土にそっぽを向いて、他人、他の男性を意味する時干の戊土と戊癸合をしたため、妻を失った。

　これからの戊己土の大運には、傷を乗り越え、子供たちと幸せに暮らせることを願うばかりである。

第**4**章

四柱推命

解釈

庚・辛

四柱を早くたやすく見る方法
〔16節〕…庚

• • • •　　　　　　　　　　　　　　　　　　　　　• • • •

甲 乙 丙 丁 戊 己 庚 辛 壬 癸

• • • •　　　　　　　　　　　　　　　　　　　　　• • • •

　庚金は10個の天干のうち７番目の星で、庚金を岩で表現したのは、文字のように硬くて重みがあるように見えるからだ。月で表現したのは、庚金の季節である秋の月光は特別に明るく輝くからであり、また、庚金が丁火を好む理由は、月の周りに星（丁火）が見えるとより美しいからである。

　甲乙木は戊己土によって実がつき、成長しながら熟成の過程を経るが、このとき、熟成させるのは芽を出す春の風ではなく、涼しい秋の風である。それによって熟成された果実は庚金を意味する。熟成させる力があるのは丙火である。

庚金：原石、岩、機械、暗雲

＊＊＊ 庚金の形状 ＊＊＊

　月光、岩、鉱山、鉄鉱石。

庚寅：刀に打たれた虎、交通事故、整形外科

庚辰：成就、達成

庚午：義理、列車

庚申：西の星、孤独、寂しさ、クレーン、建築材料、運転

庚戌：檻に閉じ込められた犬、訴訟、旬

庚子：崖の上のネズミ、屋根の上の土、ネズミ捕り

＊＊＊ 庚金の職業と専攻 ＊＊＊

宝石、ガラス、石畳、はさみ、注射、針、精密機械、機械、電子、船舶、自動車、軍人・警察、金融。

＊＊＊ 庚金の性格 ＊＊＊

❶自制心が強い。

❷頑固でプライドが高く、原則主義である。

❸純粋で素朴で、愚直な面がある。

❹柔軟性は欠けるが、義理があり、勇敢である。

❺外見は鈍く冷静に見えるが、内心は情が深い。

❻冷たく、無愛想に話す。女性は男性と意見の衝突が多い。

❼強者に強く、弱者に弱い面がある。

例 1） 男性					
時	日	月	年	大運	年運
壬	庚	庚	辛	乙	庚
午	申	寅	未	酉	申

　寅月（2月）、立春を過ぎて春の前触れを待っているのに、まだ寒さが残っていてオンドルの暖かさが恋しい。幸い、時支の午火（官星）が焚き火で釜戸を熱くし、庚辛金一家は午火のおかげで寒さをしのげた。

　日干の庚金の願いは甲木を燃料として丁火の焚き火・溶鉱炉で庚金の

原石を製錬して辛金の宝石になることだ。しかし、甲（寅）と丁（午）はあるが、時干の壬水の川が午火の焚き火を消そうとする。午火は官星なので国家・王を意味するが、寒さを忘れさせてくれた恩人である午火に別の気持ちがあるので、易姓革命の命運である。

　天干に庚辛金が並んでいるので、運動が好きでその素質がある。陸軍士官学校に入学し、後に大韓民国第11代大統領になった全斗煥（チョン・ドゥファン）の命式である。

　乙酉の大運となった50歳の庚申年に、寅申沖でライバルである月干の庚金を打ち負かし、申金が日支と同合したので大統領に当選した。

　90歳の庚子年、年運の地支の子水がこれまで私を守ってくれた時支の午火を子午沖で火を消して、すでに私を去ったので、生涯を共にした竹馬の友である元大統領盧泰愚（ノ・テウ）は、先にこの世を去り何も言わない。

　その翌年、91歳の辛丑年、年運の地支の丑土が年支の未土と「丑未沖」で衝突し、その衝撃で日支の申金が驚き、月支の寅木を寅申沖で刺激して死亡した。時干の壬水がなかったら、午火が濡れることもないので、他の心（クーデター）を持つこともなかったのに…。

※全斗煥と盧泰愚は陸軍士官学校11期の同期生として出会い、軍事クーデター後、盧泰愚は全斗煥の政治的ナンバー2となった。盧泰愚は陸軍参謀総長首席補佐官をはじめ、大統領警護室の作戦次長補、保安司令官など全斗煥が経てきた役職を引き継ぎ、大統領の座までバトンを引き継いだ。大統領任期後は刑務所生活まで一緒にするほど、なかなか見られない特殊な関係だった。

例2）　男性					
時	日	月	年	大運	年運
辛	庚	辛	丁	丙	癸
巳	申	亥	巳	午	卯

　亥月（11月）、初冬の北風寒雪が襟元を締めたくなるような寒い季節に庚金の原石として生まれ、霜が降りるほどだ。

　日干の庚金の願いは丁火の溶鉱炉に甲木を薪として提供して、丁火の

強い火力で庚金が辛金の宝石になることだ。甲木はないが年干の丁火の溶鉱炉の炎が力強く燃え上がり、真冬の炎が寒さを忘れさせてくれるので、より美しい。

　金として生まれた私も強く、丁火の溶鉱炉の火も強い（←身旺官旺）。

　ただ、日干の庚金は丁火の溶鉱炉を好むが、月干の劫財である辛金が真ん中で邪魔をしており、また、比劫が多く財星が入れない形だ。したがって若い頃は不遇であり、初婚失敗の四柱として二度結婚した。

　42歳の丙午の大運、大運の天干の丙火がライバルである辛金（劫財）を丙辛合で取り除いて、癸卯年の壬戌月に大韓民国第5代大統領に当選した朴正熙（パク・チョンヒ）の命式である。

　62歳の甲辰の大運に私の根源であり、配偶者宮である日支の申金が大運の地支の辰土と申子合水局に変わり、私の希望である丁火の火を消そうとして不吉である。1979年の己未年、年運の地支の未土と原局の月支の亥水が亥未合木局となり、火がさらに大きく燃え盛り光を放つ中、10月壬戌月、月運の天干の壬水が丁壬合で火を再び刺激し、信じていた部下に射殺された。

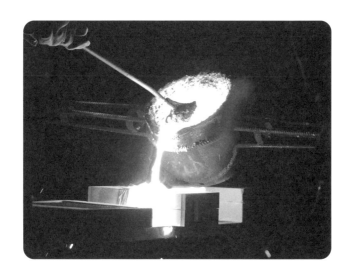

例3) 女性					
時	日	月	年	大運	年運
辛	庚	丙	乙	辛	己
巳	午	戌	丑	卯	未

　戌月（10月）の粛殺の気が強い金王節である秋にさらに、金の気運が強いのだが、本人も金として生まれた。

　金の気運が強い状態で、月干の丙火の官星が日支と時支に根ざしているので、私も強く、官もまた強い（←身旺官旺）。したがって、かなり名誉のある人物であることが十分に推測できる。

　日干の庚金は辛金の宝石になることが願いだが、最も嫌いなのが庚金の原石を錆びつかせる癸水の雪雨で、次に嫌いなのが私を乙庚合に縛り付ける乙木だ。幸い、月干の丙火（官星）が真ん中で乙庚合になるのを邪魔して、官星は夫の星で、その夫が裕福な実業家であり、生涯の頼もしい後援者の役割を惜しまなかった。

　ただ、時干の同僚と競争相手、同性を意味する辛金が夫と丙辛合するため、私は夫の二番目の妻となった。

　私の子供は年支に丑の中の癸水だが、癸水の雪雨が庚金を腐食させようとする有様だ。それで、子供が問題を多く起こし、生涯我が子による心の苦しみがひどかった。

　イギリスで最も長く首相（11年在任）を務めた鉄の女として世界に名声を広めたマーガレット・サッチャーの命式である。

　西洋には四柱という概念自体がないのに、東洋の学問である四柱の観点から見ると、金王節である秋に鉄（金）の女という別名で呼ばれるのは皮肉である。

　55歳の己未年に年運の地支の未土と日支の午火（官星）が午未合となり、5月の己巳月、第71代首相に当選した。

離婚する四柱

離婚する四柱は果たしてあるのか？

昔は離婚をすると周囲の視線が厳しく、一度の結婚で夫に仕えるべきだと言って女性の再婚を嫌悪していたため、離婚したくてもできなかった。しかし、最近放映されるテレビ番組を見ると、夫婦が仲直りする番組よりも、離婚した人同士の出会いや離婚関連の放送の方が人気があるほど、離婚は堂々としたものになっている。それだけ現代社会で離婚を見る視線がかなり和らぎ、また、離婚する四柱推命式があったはずなのに、今まで仕方なく我慢して生きてきたということでもある。

最初はお互いに好きで結婚したものの、生きていくうちに情がなくなったり、性格がまったく合わないのに、他人の目を気にしたり、周囲の圧力のために無理やりに結婚生活を維持するのは悲劇と言える。

では、「結婚前に相性を見ればきっと良いと言われたのに、今、離婚訴訟中です。なぜ離婚することになったのでしょうか」という質問を受けたら、どう答えるべきだろうか。

答えは「相性と離婚するかどうかは関係ない。別々の領域だ。質問自体が意味のない質問だ」ということだ。相性は「私がこの人に会えば配偶者福があるか」という概念でアプローチすべきで、「離婚したから配偶者福がない」という概念は遠くの深い引き出しの中に放り込むべきだ。離婚してもっと堂々と生きている人がどれだけ多いか？

では離婚四柱とは？

❶女性は初婚失敗四柱で、男性は初婚失敗四柱でない場合。

→ 離婚をせず、男が我慢して生きる。

❷女性は初婚失敗四柱ではないのに、男性は初婚失敗四柱である場合

→ 離婚しない。女が我慢して生きる。

❸女性が初婚失敗四柱なのに、男性も初婚失敗四柱である場合

→ 無条件に離婚である。

❹女性が初婚失敗の四柱ではなく、男性も初婚失敗の四柱でない場合。

→ この場合は離婚せずにうまく生きる。

※夫婦が同時に落ちる運なのに、仲むつまじく、おしどり夫婦である場合 → 離れるべきなのに離れずにくっついているので、どちらかが死別をするか、病院に行かなければならない。

❺ 例）女性

時	日	月	年
○	丙	癸	壬
○	○	○	○

　四柱推命の勉強を始めたばかりの人がよく間違えるのが、女性の四柱で天干に官星、つまり夫星（←壬癸水）が２つあれば「夫が２人いる」と結論づけてしまうことだ。だからすぐに「あなたは夫が二人ですね、離婚四柱ですね」と言い放つと、大恥をかくことになる。

　六親上の官星は夫になることもあるが、印綬は実母であり、官星は実母を産んでくれた母方の祖母にも該当する。

　母方の祖母や祖父が死別したり離婚の経験があれば、それもまた、官星が２つあることに合致するので、「あなたは離婚する」と断定することはできない。誤った解釈で家庭の分裂を助長する可能性があるので、勉強する人は安易にそのように言ってはいけない。

　また、❺の四柱で官星の壬水と癸水の位置を入れ替えると、太陽

の丙火は自分を輝かせてくれる飲み水・川の水である壬水を最も愛
するので、官星が二人であっても決して離婚しない（下の例と同じ）。

時	日	月	年
○	丙	壬	癸
○	○	○	○

　しかし、❹（男女ともに初婚失敗の四柱でない場合）に該当しても
離婚する場合がある。このときは易術家を責めるのではなく、彼ら
の子供の四柱を一緒に見てみよう。
　子供の四柱の親が問題なければ離婚しない。一方、子供の四柱に
父親が2人だったり、母親が2人だったりすると、その子供が生ま
れてから離婚する。だから、離婚の四柱は子供の四柱も一緒に見る
べきなのに、夫婦のどちらか一方だけで離婚を論じてしまうと、大き
な間違いが生じる。たとえば、子供の四柱にお父さんが2人だったり、
お母さんが2人いるが、実際には夫婦仲が良い場合、四柱とは裏腹
にお母さんとお父さんがそれぞれ1人ずつ存在しているので、夫婦
のどちらかが家を出たり、事故が起こると見ることができる。
　そうして初めて、その空いた場所に継父や継母が入ることができ
るので、四柱と合致するようになる。

例1）　女性			
時	日	月	年
丙	庚	庚	辛
子	午	子	酉

　子月（12月）、手足がしびれ、息も凍るほど寒い真冬、庚金（原石、
宝石、岩）として生まれた。寒い性質を持つ庚金が真冬に生まれた

ので、さらに寒い。

　焚き火、溶鉱炉である丁火があって寒さを溶かす必要があるが、天干にいくら探しても焚き火の丁火は見当たらず、時干に太陽の丙火があるので、急いで丙火の太陽に頼らなければならないが、子月は真冬の丙火で日差しが弱く、あまり役に立たない。

　時柱は外、外国を意味する。太陽の丙火が時干にあるので、外国旅行をしながら今の夫と出会い、幸せに暮らしてきた。しかし、年干の辛金の他の女性と私の夫の丙火が、丙辛合で接近して不倫関係になったので離婚の準備中である。

質問 1：この四柱の主人公は本当に離婚したいのでしょうか？

答え 1：真冬の太陽の光が弱く、夫の経済的能力が低下するにもかかわらず、日干の庚金であるこの四柱の主人公が頼れるのは時干の丙火の夫の星しかない。したがって、夫が不倫相手と別れたら受け入れる考えもあったが、実家の両親の強い反対で離婚を決意した。

　丙火の太陽が庚金を照らし、キラキラと輝いているので、夫の容姿は美男子だ。

質問 2：この四柱の主人公は初婚失敗の四柱ですか？

答え 2：この四柱だけ見ると、初婚失敗だが、私の夫が他の女の辛金と丙辛合をしていてそうなるだけだから、子供がいなかったり、自分に一度離婚経験があったり、あるいは離婚経験のある人と結婚すれば、四柱推命上離婚四柱とは見なさない。

	時	日	月	年
例2) 女性				
	乙	壬	癸	庚
	巳	辰	未	申

　未月（7月）、大きな川や海を意味する壬水として生まれた。壬水の使命は、宝石である辛金をきれいに洗い磨いて輝かせたり、甲乙木を美しく育てることだ。しかし、雨や雲を意味する月干の癸水が夏の梅雨のようで、花が流される寸前で危うく、時干の乙木の花をうまく育てるには、厳しく難しい状況だ。しかも、年干の庚金（雷・稲妻）が、雨と雲をさらにあおっているので、癸水の雨は止む気配がない。そんな困難な状況であったが、恨めしい年干の庚金を時干の乙木が乙庚合で結んで制御して鎮めたので、四柱の大きな心配が消えた。したがって、乙木を意味する文化・芸術・体育、放送・芸能の分野で大きく頭角を現し、トップスターの仲間入りを果たした。広末涼子の命式である。

　結婚と離婚を繰り返したのは、悪神である月干の癸水（比劫＝他人）が私の夫である月支の未土と同柱しているからだが、2022年の壬寅年に、年支の申金と寅申沖で体面（信用）を意味する年干の庚金が崩れるので、これは大きな恥をかくこと（不倫発覚）が起こることを予告している。不倫の事実が個人的なラインで終わるのではな

く、簡単に発覚して全国民に知られるのは、巳時（09:00~11:00）に乙木の花は、誰にでも簡単に見つけられてしまうからである。

四柱を早くたやすく見る方法
〔17節〕…庚

甲乙丙丁戊己庚辛壬癸

　庚金は10個の天干のうち7番目の星で、庚金の願いは、甲木の丸太を割って薪（燃料）にし、丁火の溶鉱炉の強い火力で庚金の原石が製錬されて辛金の宝石になることだ。庚金は輝く辛金の宝石に変身しなければならないため、他の天干とは違って変化に苦痛が伴うことがあり、生まれたときから宝石として生まれた辛金とは異なり、脱出に伴う人生の曲折と逆境がある。また、庚金は原石・ガラス（鏡）・岩・小石を意味する。

　大昔にはお互いの約束を確認する方法として、ガラスを割って分けて持ち、後で確認して約束が履行するかどうかの手段として使っていた。庚金として生まれた人が合・沖・剋を受けなければ、顧客との約束である信用を重要な事業基盤とする銀行・保険・証券・保証保険会社など金融機関に従事する場合が多い。

❶庚金の隣に甲乙木がある場合

○庚甲○／乙庚○○

　甲木を燃料として使用し、丁火の強い火力で庚金を立派な製品に

製錬すれば財物福と名誉がある。

　この場合、地支の火が強ければさらに良いと見るが、乙木を燃料として使用すると煙が出るだけでよく燃えず、庚金を立派に製錬することができない。辛い煙のせいで、生きていて涙が出ることが多い。

　甲木は丸太だが、乙木は小枝、湿った木と見なされるため、薪には適さないからである。甲乙木は人情深く、人との対話が好きだが、庚金が甲乙木を合や剋すると、性格が冷たく、過激な面が見られる場合がある。このとき、庚金が甲乙木を打たないように丙丁火で庚金を剋したり、壬癸水で和解させて甲乙木を保護すれば、人情があり、自制心がある人である。また、庚金の隣に甲木があり、庚金が甲木を打つと甲木は幹、枝である乙木のようになるが、乙木は文化・芸術・体育、観光、放送・芸能を意味するため、歌やダンスなどの遊興を好む。しかし、壬癸水や丙丁火があり、庚金が甲木を打たないと音痴や運動音痴が多い。

例1）男性			
時	日	月	年
乙	庚	丁	辛
酉	戌	酉	丑

　粛殺の気が強い金王節である秋に庚金（原石・岩）として生まれた。しかも地支が「丑酉戌酉」ですべて金が占めているのだが、年干に辛金の刃がまたあり、まさに刀山剣樹である。

　時干の秋のコスモスである乙木の花は、花びらと茎がいつ辛金の刃によって切り取られるかと不安に思っている。

　辛金の鋭さを退治してくれる月干に丁火の溶鉱炉（官星）は、金が多すぎて衆寡不敵なので力がなく、コスモスの助けを求める声にも見つめるだけで手を差し伸べることもせず、知らないと首をかしげるだけである。さらに日干の庚金は乙木のコスモスと一緒に月干

の丁火に助けを求める気はまったくなく、乙木と乙庚合でお金を欲し好色で欲にまみれている。家庭内暴力と殺人で人生の半分近くを刑務所で過ごした犯罪者の命式である。

　庚金と丁火だけあって甲木がなければ、着実に丁火に薪と燃料を供給できない。だから、庚金は完成品になれず、不良品に過ぎないので人生が苦しい。このようなときは、丁火（官星）がまったくなければ乙木（財星）に頼って生きればいいのに、無駄に挟まれた官星によって希望拷問※が増えるだけだ。

※希望拷問：偽りの希望でむしろ苦痛を与える行為

❷庚金の隣に丙火がある場合
　○ 庚 丙 ○ ／ 丙 庚 ○ ○

　太陽の丙火は庚金の原石を照らして輝きを出すので、お互いの存在感を高めてくれる。ここで、丙火が合・剋を受けなければ名誉はあるが、丙火と壬水がくっついている場合、財と名誉のどちらかを放棄しなければならない。もし、どちらか一方を握りしめて諦めない場合、財が多ければ多いほど壬水が丙火を水剋火で攻撃するので、丙火の身体に該当する心臓・小腸・目の病気がある可能性がある。そうでなければ、丙火の六親（子供や夫）に対する痛みがあるかもしれない。また、官星である丙火は庚金の強い性質を抑える役割を果たし、庚金は名誉を意味する太陽の丙火を大切にするため、まじめに会社勤めができる。男性の場合、官星は子供で、子供が自分を輝かせてくれるので、優秀な子供が生まれる可能性がある。年をとったら敬老会の会長でもしないと気が済まない。

❸庚金の横に丁火がある場合
　○ 庚 丁 ○ ／ 丁 庚 ○ ○

　丁火が庚金を製錬して立派な製品にするためには庚金より丁火の

力が強くなければならない。そうなれば財物福と名誉があると判断する。逆に火力が弱いと庚金を立派な製品にすることができないので不良品になる。このとき、財星である甲乙木は丁火の火力を強くしてくれるので、庚金の日干の女性が男性に出会うとお金をよく使ってくれるし、与えてくれる。

　その理由は、庚金の日干のお金は甲乙木（財星）であるが、お金を使えば使うほど丁火（官星）の炎が強くなりながら、丁火の男性が私をよく製錬してくれる役割をするからである。

　また、官星は国家機関を意味するので、庚金の隣に丁火があると、家の前に警察署があるようなもので、性格がおとなしく、内向的で自制心が強い。学生の場合、思春期の苦難を迎えることなく無難に過ごせる。

❹庚金の隣に戊土がある場合
　○　庚　戊　○　／　戊　庚　○　○

　戊土の山にある庚金の宝石・原石なので、鉱山を意味したり、埃のついた庚金と解釈したりする。鉱山を意味するときは、生まれながらの財物福はあると解釈し、埃のついた庚金で表現するときは、財物福はあるが、埃がついて名誉が弱い。この場合、甲乙木（鞭）があり、戊土を剋して埃を取り除けば名誉があることになる。

　春生まれの幼い金の隣に戊土があると、まだ幼く土生金で親の助けを借りなければならないので、真面目で勉強ができる。

　夏に生まれた庚金と戊土が隣にあると、暑さで金が溶けないように親に頼ろうとするため、怠惰で勉強をしない。

　金王節である秋の庚金の隣に戊土があると、すでに力が溢れているが、また土生金したことによって、より力が溢れ怖がらず大胆だ。

　冬の庚金の隣に戊土があると、風を防いでくれて氷水を取り除いてくれるので、感謝の気持ちを持ち、誠実で性格が良く、悪い心を持たない。

例2） 男性						
時	日	月	年	大運	年運	月運
○	庚	戊	庚	甲	壬	癸
○	辰	子	子	午	寅	卯

　子月（12月）、深まる真冬の冷たい岩、金属である庚金として生まれ、とても冷たくてたまらない。地支に子子辰水局があり、水浸しとなり、重い庚金の岩が水中に沈んでしまうのではないかと心配するが、幸い月干の戊土の大きな山が地支の荒い水流を整えて防風除湿してくれるので、戊土の功が大きく、親の恩徳がある。一方、庚金の隣に戊土があると鉱山となり、水が多いとセメント・コンクリートの堤防で荒れた水路を閉じ込めて正しい水路に導く役割もする。このような場合、堤防またはダム四柱とも呼ばれるが、水を閉じ込めておいて、来るべき春に使用するため、将来に備える人である。

　戊土の高い山に平らな石・岩である庚金が両側に広がっているので、山の中、渓谷の水辺で詩を読んだり、悠々自適にのんびりと遊んで暮らす人の姿でもある。日支の辰土は龍日で、真冬の寒さに暖かい春（4月）を意味するので、池の中に昇天を控えた龍のようで、権力を意味する辰の中の戊土が日支にあるので、結婚後に自分事がうまくいく。

　56歳の甲午の大運、大運の天干の甲木（鞭）が月干の戊土の埃を叩いて落とし、大運の地支に官星の午火（焚き火）が真冬の寒さを解消してくれる。壬寅年癸卯月に、大韓民国第20代大統領になった尹錫悦（ユ

ン・ソンニョル）の命式である。

　2022年3月癸卯月に文書と当選証を意味する月干の戊土と、庚金の本心を意味する月運の天干の癸水が戊癸合をして当選した。雪雨を意味する年－月支の子水は六親で祖母・妻の母を意味するが、雪雨が地面に降り積もり、泥水が私の顔である庚金に飛び散ったので、妻の母のせいで恥ずかしいことがあることがわかる。

四柱を早くたやすく見る方法
〔18節〕…庚

甲乙丙丁戊己庚辛壬癸

　庚金は10天干のうち7番目の星で、庚金の最高の願いは、甲木を薪・燃料として丁火の溶鉱炉の炎を強くして、丁火の強い火で庚金の原石を製錬して辛金の宝石にすることだ。このとき、薪の甲木は春夏の生木より秋冬の死木がより良い。庚金の隣に甲木があると、甲木は人情と対話を意味し、国家経済を意味することもある。庚金が甲木を打つと、国家経済を台無しにする人として、脱税など経済犯（信用不良）になることもある。しかし、丙丁火や壬癸水があり、庚金をなだめて説得すれば、逆に経済犯罪者を捕まえ、国の法律を執行する司法・税務系に従事すると良い。

　庚金や辛金の日干が女性の場合、ゲームやギャンブル、将棋、のど自慢、コンテストなどに夫を同伴すると、思ったような成績が出ないなど実力を発揮しにくい。その理由は、庚辛金の日干にとって乙木は遊興・ゲーム、文化・芸術などを意味するが、官星である丙丁火（夫）が火剋金で、庚辛金が乙木と遊ぶのを妨げるからだ。

乙木は興・娯楽・楽しみであり、丙丁火は女性にとっては夫、父親にとっては子供で、夫と子供の顔色を見るので、まともに実力を発揮できない。男性の場合、官星（丙丁火）は子供なので、父親は子供の顔色をよく見る。だから、飲酒をしてみっともない姿を見せているなら、配偶者（妻）が直接動くより、子供を通じた説得が効果的である。

　甲木と乙木は木であり、戊己土は土であるが、木と土に刻んだ文字は時間が経つと消えたり、ぼやけてしまうが、碑石・岩を意味する庚辛金は、年月が経っても棄損されない。したがって、庚辛金として生まれた日干は、恩怨があったり悔しいことがあれば年月が経っても絶対に忘れない。

❶庚金の隣に己土がある場合

己 庚 ○ ○ ／ ○ 庚 己 ○

　宝石箱にある宝石、または道端の石を意味する。宝石箱にある宝石を意味する場合は生まれながらの財物福がある。

　道端の石を意味するときは名誉が弱く、この場合は甲乙木がいて己土を合・剋して土埃を取り除けば名誉がある。

例1）男性			
時	日	月	年
甲	庚	己	己
甲	子	巳	酉

　巳月（5月）の初夏に、庚金の原石として生まれた。日干の庚金の宝石が己土の道端に置かれているので、生まれつき宝石箱として財物福はあるが、道端の石として埃がついたので名誉が弱いのが残念な点である。このとき、時干の甲木が己土の埃を甲己合で取り除いてくれる。甲木（財星）はお金と女性なので、結婚してから相続したアパートの価格が上昇して大金を稼いだ。巳月の初夏の甲木は生木として甲己合をして曲がると、それ以降は乙木として取り扱う。乙木は文化・芸術・体育と見るが、外国にも該当する。したがって、

外国系会社で長く勤務する。（※四柱を早くたやすく見る方法［5節］参照）

　ただ、甲木に根がなく時干に風船のように一人でぽつんと浮いていて孤独で寂しく、時支の申金は石の地なので甲木がうまく育たないのが残念だ。このとき、配偶者宮である日支の子水が申子合で申金を引っ張って（←金生水）甲木を剋しないようにしているので配偶者福がある。地支が申子水局ですべて水でできているので、庚金の服がびしょ濡れで服が乾く暇がない。裸で歩く姿なので、実際に好色の傾向がある。したがって、四柱の主人公の不倫に妻は離婚を望むが、日支の配偶者宮が良い役割を果たしているので、この男性は決して離婚の印を押すことはない。

❷庚金の隣に庚辛金がある場合
　辛 庚 ○ ○ ／ ○ 庚 庚 ○

　石と石がぶつかる姿、または鉄の塊・機械・自動車が集まっている姿で、人徳が弱く、体に傷ができる可能性があるので、事故や病気に注意しなければならない。しかし、自動車会社や金融・司法・医療系に勤務する場合はそうではない。身体に傷がある庚金は、わかってくれる人が少なく苦労することがあるが、このとき、壬癸水がいて、庚辛金を金生水で洩気させると財物福は良くなるが、名誉が弱いのは同じである。また、良くないことに加担したり、肺や大腸、皮膚が悪くなることもある。

例2）　男性						
時	日	月	年	大運	年運	月運
庚	庚	丙	庚	辛	庚	己
辰	辰	戌	寅	卯	辰	卯

　戌月（10月）、紅葉が色づき始める晩秋、金の気運が強い金王節に、原石・宝石を意味する庚金として生まれた。
　庚金が年干にも時干にもあって、庚金（原石）が多すぎるため、

123

月干の丙火の太陽の光をまんべんなく受けるには限界があり、青年期は非常に不遇であった。それでも日干の庚金の原石が輝くためには秋の太陽の光を受ける必要がある。そのため、職業は丙火（外国、政治、司法）に該当する国際海運法や商法に関する弁護士の仕事をしたことで経済が安定し生活が楽になった。

　49 歳の辛卯の大運、大運の天干の辛金（宝石）が月干の丙火（太陽）と互いに反射してその輝きが眩しく美しい。これは、庚辰年己卯月に中華民国 10 代総統に当選した陳水扁の命式である。

　文書と当選証を意味する月支の戌土と、財と昇進を意味する月運の地支の卯木が卯戌合をして満面の笑みを浮かべているので、己卯月に当選した。月支の戌月は、秋の丙火が夏を過ぎるにつれて力が徐々に弱くなる時期だが、配偶者宮である日支の辰土が 4 月の春の女性として丙火の足りない力を補ってくれるので、私の頼もしい仲間だ。

　ただし、日支と時支が辰辰刑、月支と日支が辰戌沖で不安で、財星である寅木が年柱の「庚寅」で比劫と同柱で一緒にいる。

　これは配偶者である寅木が他の男性である庚金と一緒に暮らす姿なので、日干（私）の立場からすると、配偶者と不和を起こしたり、配偶者がいつの間にか家を出てしまうなど、配偶者のせいで気を病まなければならない命運である。しかし、現実は、政治の世界でも夫婦で助け合う良いパートナー関係であり仲も問題がなく、四柱とはまったく合わない姿である。生まれ持った四柱原局と現実がまったく違う姿であれば、いつか必ずその代償を払わなければならない。

　1985 年 11 月乙丑年丁亥月、原局の比劫である庚金の群れが配偶者星である年運の乙木（財星）を天干から乙庚合で攻撃し、また原局の財星である寅木を月運の地支の亥水が寅亥破で地支でもう一回連続して叩くので、配偶者が交通事故で下半身不随になった。

（※離婚する四柱参照）

❸庚金の隣に壬癸水がある場合

壬 庚 ◯ ◯ ／ ◯ 庚 癸 ◯

　庚金に壬癸水は財を意味する。特に夏の強い暑さに庚金が剋を受けると金が溶ける可能性がある。ここで、壬癸水は熱い熱を剋して冷やし、庚金を保護する役割をする。この場合の職業は、社会に困難なことを解決する教育・研究・創作（創造性）などの分野を選択すると、能力を認められて、努力した甲斐がある。壬癸水と丙火がくっついている場合には、財か名誉のどちらかを手放さなければならない。その理由は、庚金にとって壬癸水は財であるが、財が多くなると水が多くなり、名誉である丙火を攻撃するからである。

例3) 男性			
時	日	月	年
壬	庚	庚	乙
午	辰	辰	丑

　辰月（4月）に、初春の若い金である庚金の原石として生まれた。若い庚金でありながら、丑辰辰で原局の地支の金の気運がとても強く、怖がらず大胆である。

125

年干の乙木の花が切られそうで危ないが、時干の壬水が金生水・水生木で通関し乙木の花を守っている。乙木の花は十星では財物を意味し、壬水によって死ぬ寸前のお金が生き返ったのだから、まさに起死回生だ。しかも、辰月（4月）はこれから暑くなるが、壬水の川の水が暑さを癒してくれるので、さらに嬉しい限りである。

　壬水の川の水の根源である年支・月支・日支がすべて土で、土は甘さを司る。これは、世界的なイタリアのチョコレート会社でFerrero Rocher、Kinder チョコレート、Nutella で有名なフェレロの創始者ミケーレ・フェレロ会長の命式である。

　しかし、時支に午火は官星として力がなく不安な様子で、午火の官星は六親上では子供に該当するのだが、子供が本人より先に心臓発作で突然死した。四柱の主人公はチョコレートで世界に名声を広めた人物だが、2015年のバレンタインデー（2月14日）に本人が亡くなったのは皮肉なことだ。

四柱を早くたやすく見る方法
〔19節〕…辛

甲乙丙丁戊己庚 辛 （かのと）壬癸

　辛金は10個の天干のうち8番目の星で、輝く宝石を象徴し、雹・霜と表現したりもする。また、辛金は熟成された果実に固有の味が出ることを意味し、固有の味を出す能力があるのは丙火である。

辛金：宝石、雲、雹・霜

＊＊ 辛金の形状 ＊＊＊

宝石、ガラス、小石、針、雹・霜、雲、固執。

辛卯：神経過敏、ノイローゼ、除草剤

辛巳：白蛇、宝石商、ATM

辛未：狂気、ヒステリー、自動車

辛酉：医療機器、時計、宝石、金属、酒杯、悲しみ

辛丑：自尊心、牛の角、昔のコイン

辛亥：かんざし、鍼術

＊＊＊ 辛金の職業と専攻 ＊＊＊

宝石、軍人・警察、金融、精密機械、運動、メディア、建設、金属、機械、史学、歴史、国史、農機具、情報通信、獣医学、金属工芸、法学、政治、英語、フランス語、ドイツ語。

＊＊＊ 辛金の性格：義 ＊＊＊

❶宝石は硬く、割れることはあっても曲がることはない。

❷頑固でプライドが高く、原理原則主義であり、冷たく、冷静で、竹を割ったようにはっきりしている。

❸頑固だが、義理堅く、勇敢である。

❹容姿が整然としており、清潔感があり、肌がきれいである。

❺自分が一番だと思うため、理想が高く、他人からもてなされることを好む。また、気難しくて細かい。

❻宝石として生まれたので、宝石のふりをするために外では明るく陽気に振る舞う。

❼他人より輝かなければならないので、仕事（事業）をするときに大きくしようとする。

				例1）女性	
時	日	月	年	大運	年運
癸	辛	癸	丙	庚	壬
巳	酉	巳	寅	寅	寅

　巳月（5月）、春の終わりに、辛金の宝石として生まれた。辛金の宝石はキラキラと輝いて人々の注目を集めなければ財と名誉を得ることができないが、輝く宝石になるためには、宝石を着実にきれいに洗い、磨いてくれるきれいな水である壬水がなければならない。しかし、壬水は見えず、雨水・下水を意味する癸水が宝石を洗っているので、宝石が錆つき生涯うつ病に悩まされた。

　また、父母宮である月干に癸水があるので、幼少期に父親が養育を放棄したため養父母の手で育った。辛金の宝石が輝くためには、きれいな水である壬水が洗い、磨いてくれるのが一番良いが、それに劣らず太陽の丙火が宝石を照らして輝きを出すのも財物福と名誉が伴うものと解釈する。

　年干に丙火があり、太陽の光を照らして宝石を輝かせている。これは、1950年代にアメリカの女優・モデル・歌手として大きく名を馳せたマリリン・モンローの命式である。

　福と禍は常にセットで一緒に付いて回ると言われるが、しばらく続いた栄華の後、29歳の庚寅の大運に黒雲と雷を意味する天干の庚金が押し寄せており、不吉である。暗雲の庚金が丙火の前を覆い太陽が光を失い暗黒の世界に変

わっていた中、38歳壬寅年に年運の地支に寅木が原局の丙火の根源である月支の巳火に寅巳刑でもう一度衝撃を与え、薬物過剰摂取で死亡した。原局で時干の癸水の雨が夫星である太陽の光（丙火）を曇らせたため、男を見る目がなく、家庭内暴力で3回の結婚と離婚を繰り返した。

例2)　男性					
時	日	月	年	大運	年運
己	辛	戊	戊	癸	壬
丑	丑	午	午	亥	子

　午月（6月）、夏に向かう途中に立っている辛金の宝石だ。辛金の宝石の隣に戊土があれば、鉱山と表現する。父母宮である月支の午火（ナイフ・つるはし）が金銀の宝石でいっぱいの鉱山の宝石を掘り出している様子なので、両親の名声が相当なものであることが推測できる。

　己土は、繁華街・交差点・信号機・埃などを意味するが、時干の己土が、鉱山から掘り出した金銀の宝物である辛金に土埃を被せている。

　土埃がついた宝石なので、父である金佐鎮（キム・ジャヂン）将軍の後光を浴びたにもかかわらず、日帝時代、鐘路繁華街（己土の通り）でヤクザのボスとなり、それをきっかけに名を知られるようになり、再選国会議員まで務めた金斗漢（キム・ドゥハン）の命式である。

1966 年の丙午年、国会議員時代に、年運の地支の午火が原局の午火
と午午刑で剋を起こして、約束と体面を意味する天干の戊土が崩れ落ち
たため、国会の汚物投棄事件で大きな恥と辱めを受けた。

　四柱の原局に戊土・己土の広い土地に農作物・花を意味する甲乙木を
植えるべきなのに、配偶者を意味する財星である甲乙木が、目を洗って
探しても見当たらず、4 回の結婚と離婚を繰り返した。

　45 歳の癸亥の大運、天干の癸水の雨水と地支の亥水の海水が押し寄
せ、午火のろうそく・焚き火が消える寸前である。そんな中、55 歳の
壬子年に年運の地支の子水が原局の午火と子午沖して、芯だけが残った
ろうそくにまた水をかけてしまい、死に至る。晩年は、鉱山四柱の姿の
通り、鉱山事業とソウルにある貞陵（戊土＋己土＝丘陵）開発事業を行っ
たが、大金を稼ぐことはできなかった。

四柱を早くたやすく見る方法
〔20節〕…辛

甲 乙 丙 丁 戊 己 庚 辛 壬 癸

　辛金は 10 個の天干のうち 8 番目の星で、輝く宝石を意味するが、宝
石がずっと輝きを保つためには、きれいな水である壬水で絶えず洗って
あげなければならない。もし四柱原局に壬水がなくても丙火があれば、
太陽の輝きで眩しく光るように輝かせてくれるので、同様に財物福と名
誉がある。しかし、辛金のすぐ隣に丙火の太陽があると、太陽の熱で辛
金の宝石が溶けてしまうことがあるので、離れて年干にあるか、あるい
は、地支にあってこそ財物福と名誉がある。

例1) 男性						
時	日	月	年	大運	年運	月運
辛	丁	甲	辛	辛	庚	己
丑	巳	午	未	卯	子	卯

　午月（6月）の夏、暑さが始まったばかりなのに、私も火のついた溶鉱炉・焚き火である丁火として生まれ、とても暑く乾燥している。

　四柱が真っ赤に燃えているので、年干の宝石である辛金が溶けて無くなる寸前だ。辛金の宝石は十星では財星・財物、六親の上では父・配偶者を意味するが、年干の辛金が溶ける寸前なので、幼い頃、父を早くに亡くした。しかし、燃える四柱を湿った土である時支の丑土が火生土・土生金で炎を辛金の宝石（お金）に導いて定着させるので、その輝きが眩しい。

　2020年、某放送局のトロットコンテストで優勝し、その後も絶好調のトロット歌手林英雄（イム・ヨンウン）の命式である。

　生まれた時間の支地の丑土は、夜明け1時から3時までを指すが、夜明けの日干の丁火は焚き火でありながら輝く星であるため、道行く人の羅針盤の役割を果たし、夜明け前の暗闇を照らす姿なので、どこでも目立つ。

　2020年の庚子年は財星である庚金財物と名誉を意味する子水（官星）が原局の時支の丑土と子丑合で合をし、私に群がる年なので、花籠に乗って故郷に錦を飾る。

131

❶辛金の横に甲乙木がある場合

　　○ 辛 甲 ○ ／ 乙 辛 ○ ○

　辛金は人情深い甲乙木（財星）を剋して、お金を稼いでも支出が多く、集めるのが難しい。性格は冷静であったり、過激な傾向がある場合もある。このとき、丙丁火や壬癸水がいて辛金を合・剋をしたり、洩気し甲乙木を保護すれば、財物福は良くなり、人情と自制心がある。

❷辛金の隣に丙丁火がある場合

　　○ 辛 丙 ○ ／ 丁 辛 ○ ○

　宝石である辛金は輝いてこそ努力した甲斐があると言われるが、丙火は丙辛合をして辛金の光を遮り、丁火は辛金を熱い熱で溶かすので、努力の甲斐があまりなく苦労することになる。

　このとき、丙丁火は官星に該当することにより、女性の場合、夫のせいで不機嫌にならなければならないので、家庭不和になることがある。したがって、辛金と丙丁火は離れていなければならない。

❸辛金の隣に戊土がある場合

　　○ 辛 戊 ○ ／ 戊 辛 ○ ○

　鉱山を意味したり、埃のついた辛金の宝石と解釈することもある。鉱山を意味するときは生まれ持った財物福はあるが、埃のついた辛金で表現するときは名誉が弱い。この場合、甲乙木があり、戊土を剋して埃を払えば大丈夫だ。

❹辛金の隣に己土がある場合

　　○ 辛 己 ○ ／ 己 辛 ○ ○

　宝石箱にある宝石または道端の石を意味する。宝石箱にある宝石を意味するときは生まれながらの財物福があり、道端の石を意味するときは名誉が落ちる。このとき、甲乙木がいて己土を合・剋をし

て埃を取り除けば大丈夫である。

⑤辛金の隣に庚辛金がある場合
　○ 辛 辛 ○ ／ 庚 辛 ○ ○

　石と石がぶつかる姿で、人徳が弱く、身体に傷ができる可能性があるので、事故や病気に気をつけなければならない。また、身体に傷がある辛金は、宝石に傷がある形であるため、理解してくれる人が少なく苦労することがある。このとき、壬癸水がいて庚辛金を洩気すると財物運は良くなるが、名誉が弱いのは同じである。

⑥辛金の隣に壬水がある場合
　○ 辛 壬 ○ ／ 壬 辛 ○ ○

　辛金の宝石をきれいな水である壬水が洗い流して存在感を高めてくれる姿だ。ここで、壬水は合や剋を受けてはならない。
　しかし、濡れた土である己土があり、壬水を剋すると、宝石が泥水に転がる姿なので、遊興を好み、また体面がつぶれたり、プライドが傷つくことが多い。そうでない場合、本人が他人にそのような行動をする。そして、財産があっても輝かない職業（格好よく見えない職種）に従事することがある。

⑦辛金の隣に癸水がある場合
　○ 辛 癸 ○ ／ 癸 辛 ○ ○

　癸水（雨水・下水）が存在感がないといけない辛金の宝石を錆びつかせている。そのため、私の存在を知ってくれる人があまりおらず、他人より昇進が遅くなったり、昇進があまり重要でない業種に従事することになる。また、財産があっても輝かない職業に従事することがある。宝石に汚い水が飛び散ったので、皮膚病、うつ病など健康に注意しなければならない。

| | | | 例 2)　男性 | | | |
時	日	月	年	大運	年運	月運
辛	辛	庚	辛	癸	丁	壬
卯	丑	子	巳	巳	亥	子

　子月（12 月）、輝く宝石を意味する辛金として生まれた。宝石である辛金は、きれいな水である壬水でキラキラときれいに洗い磨くと財物福と名誉がある。しかし、壬水は見当たらず、年支の巳火（巳の中の丙火の太陽）が壬水の代わりに辛金の光彩を輝かせてくれているため、私は意図せず別の道で 功名を得る人であることがわかる。

　64 歳の癸巳の大運に、大運の地支の巳火が原局の年支の巳火を発動させ、大きく福を受ける。これは、67 歳丁亥年、大韓民国 17 代大統領に当選した李明博（イ・ミョンバク）の命式だ。

　丁亥年 12 月壬子月に、当選証と文書を意味する日支の丑土（印星）と、私の心と考えを意味する月運の地支に子水（食傷）が「子丑合」で喜んで抱き合うので、このとき、大統領に当選した。ただ残念なのは、きれいな水である壬水ではなく、汚い水・下水・雨水である月支の子水で通関させるという点だ。そのため、鉄が腐食して、声から鉄の音が出るという変わった様子が見られる。

　四柱の金の気運がかなり強く、時支の卯木は私の財星なのだが、卯の

中の乙木の花が一人で殴られていて、危機的な状況だ。ところが、月支の子水が金生水・水生木に通関させて卯木が蘇るのだから、まさに九死に一生である。四柱がすべて金で構成されているので、金属・アルミニウム・建設を意味する大企業建設会社の HYUNDAI の代表として頂点に達し、私（日干の辛金）を助ける子水（下水・雨水）によって、四大江と清渓川復元事業を起こした。特異なのは結婚記念日、誕生日、大統領当選日が 12 月（子月）19 日で同じという点だ。直近、収監中に 22 年 12 月（子月）末のクリスマスに特別赦免・復権された。

私の家はいつ売れるのか？ 不動産売買運の見方 《1》

　四柱八字で不動産売買運を見るには、天干、地支をすべて見なければ正確ではないが、天干だけでもある程度把握することができる。
　年運（1 年運）で契約になるためには文書運が入ってこなければならない。入ってこない場合、契約ができないか、または非常に損をして売買しなければならない。また、実際の契約発生時期は月運を見なければならない。

●月運で契約になるには
　❶月運と原局の天干でお金（財星）と文書（印星）が「合」になると、契約運だ。
　❷月運と原局の天干で私の心（食傷）と文書（印星）が「合」になると、契約運だ。

●**不動産売買契約の必須条件は大きく2つに分けられる**

a. お金＋文書

b. 私の心（意志）＋文書

これら（**a**、**b**）のいずれかが必ず該当しなければならない。

●**不動産売買運を見るための日干と他の文字との関係性**

区分／日干	お金(財星)	文書(印星)	私の心、意志(食傷)
甲	戊 己	壬 癸	丙 丁
乙	戊 己	壬 癸	丙 丁
丙	庚 辛	甲 乙	戊 己
丁	庚 辛	甲 乙	戊 己
戊	壬 癸	丙 丁	庚 辛
己	壬 癸	丙 丁	庚 辛
庚	甲 乙	戊 己	壬 癸
辛	甲 乙	戊 己	壬 癸
壬	丙 丁	庚 辛	甲 乙
癸	丙 丁	庚 辛	甲 乙

＊**天干のお互い好きな文字5組：**甲己 乙庚 丙辛 丁壬 戊癸

＊**天干のお互い嫌いな文字5組：**甲庚 乙辛 丙壬 丁癸 戊己

　上記の表で不動産売買は、親しい文字「お金＋文書」、または「私の心＋文書」のどちらかに該当すれば契約運だ。

　お互いに嫌いな文字に出会うと、契約ができないか、損をする不利な条件の価格で売買される。

※とんでもなく高い金額でも無条件に契約されるわけではなく、市場適正価格である場合にのみ適用される。

例					
時	日	月	年	22年	11月
壬	癸	癸	丙	壬	辛
○	○	○	○	寅	亥

　2022年の壬寅年は壬水（他人）が日干（本人）の癸水のお金である（丙火）を欲しがって奪いに来る運で、お金が流出する運だ。したがって、会社員は転職しようとするだろうし、事業者は移転したり、他の事業をしようとするだろう。

　この四柱の主人公は個人事業主として21年に入ってから、昔から運営していた「事業所＋家」を売って他の事業をしようとした。しかし、「事業所＋家」が売れないので悩んでいたところ、22年11月辛亥月に、文書である辛金と原局のお金である丙火が親しい文字同士で「合」となるので（丙辛合）、契約（売買）された。

・・・・・・・・・・・・・・・・・・・・・・・・・・・・・

私の家はいつ売れるのか？　不動産売買運の見方《2》

＊天干のお互いに好きな文字「合」：甲己　乙庚　丙辛　丁壬　戊癸
＊天干のお互いに嫌いな文字「沖」：甲庚　乙辛　丙壬　丁癸　戊己
＊地支のお互いに好きな文字「合」：
　寅午戌　巳酉丑　申子辰　亥卯未　子丑　寅亥　卯戌　辰酉　巳申　午未
＊地支のお互いに嫌いな文字「刑」「沖」「破」「害」：
　寅申　巳亥　子午　卯酉　辰戌　丑未　辰辰　午午　酉酉　亥亥　子卯
　子酉　丑辰　寅亥　午卯　未戌　巳申　申亥

●**支藏干表** (支藏干：天干の10文字が地支に降りてきたときに隠れている文字)

地支	支藏干
子	壬　癸
丑	癸　辛　己
寅	戊　丙　甲
卯	甲　乙
辰	乙　癸　戊
巳	戊　庚　丙
午	丙　己　丁
未	丁　乙　己
申	戊　壬　庚
酉	庚　辛
戌	辛　丁　戊
亥	戊　甲　壬

　不動産を売買しようとするときは、年運で売買運が入ってこなければならない。売買運とは文書運を意味し、会社に社内ルールがあるように四柱にも決まったルールがある。

　五行の十星である比、食、財、官、印の中で印は、印星または印綬と呼ばれ、文書、印章、契約を司る。年運ですぐに印綬運が入ってこなければ契約が成立しない。

　印綬運が入ってこなければ売買ができないのではなく、相応の価格がつかないことを意味する。

　印綬（契約）運がないとしても、もし、とても安い価格で出したら、多くの人がその不動産に興味を持ち、契約になるだろう。

　逆に印綬運が入ってくるからといって、市場価格をはるかに上回る価格を提示するなら、契約に至るのは難しいだろう。つまり、法外な価格では契約ができないということだ。

●年運で不動産売買契約になるためには

❶「財星」と「印星」が「合」しなければならない。

❷「食傷」と「印星」が「合」しなければならない。

❸年運で官星が入った場合（原局で印星があるとき）。

上記3つのうち1つは満たされなければならない。

※地支の支蔵干まで含めて見る。
※月運の地支が日支以外の文字と合になったものは同合と見なさない。

　年運で契約運が入ればもちろん良いが、契約運がなくても諦める必要はない。なぜなら、1年は12ヶ月あるので、月運がうまく合えば契約になることもあるからである。

●月運で不動産売買契約になるには

a. 月運と、原局の天干と地支で財星と印星が「合」になれば契約される。

b. 月運と原局の天干で食傷と印星が「合」になれば契約される。

❶月運の天干で財星に出会い、地支は月運と原局で印星が「合」になれば契約される

❷月運の天干の財星が日干と「合」になり、地支は月運と原局で印星が「合」になれば契約される。

❸月運の天干の財星が日干と「合」になっても、地支は月運と原局で支蔵干を含む印星が「合」になって初めて、契約が成立する。

❹月運の天干と原局の合

　1）月運の天干の財星と、原局の印星が「合」になれば

　　月運の天干の財星 ＋ 原局の天干の印星 ＝ 合

地支は月運と日支でだけ、「刑沖破」がなければ、契約される。

2) 月運の天干の印星と原局の財星が「合」になれば

月運の天干の印星 ＋ 原局の天干の財星 ＝ 合

地支は月運と日支だけに「刑沖破」がなければ、契約される。

3) 月運の天干の食傷と原局の印星が「合」になれば

月運の天干の食傷 ＋ 原局の天干の印星 ＝ 合

月運の天干の印星 ＋ 原局の天干の食傷 ＝ 合

地支は月運と日支でだけ、「刑沖破」がなければ、契約される運である。

時	日	月	年	月運	月運
戊	乙	癸	壬	丁	戊
寅	丑	卯	子	亥	寅

月運の天干の食傷（丁火）と、原局の年干の印星（壬水）が丁壬合になると、月運の地支と原局の日支が「刑沖破」されないので、丁亥月は契約される運。月運の天干の財星（戊土）と、原局の月干の印星（癸水）が戊癸合になると、月運の地支と原局の日支が「刑沖破」されないので、戊寅月は契約できる運。

❺ 月運の天干に官星が入ってくる場合

地支は、月運と原局で財星と印星が「合」にならなければならない。

時	日	月	年	月運	月運
壬	丙	庚	庚	壬	戊
辰	寅	辰	申	午	子

＊**壬午月**：契約が成立しない。

寅木（印星）＋ 午火 ＝ 合

申金（財星）と午火は合を成さない。

　＊**戊子月**：契約される。

辰土（辰の中の乙木の印星）＋ 子水 ＝ 合

申金（財星）＋ 子水 ＝「合」をしたので契約される。

❻月運の天干に官星が日干と「合」になれば

　地支は、月運と原局で財星と印星が「合」になると、契約される。地支で日支の財星または印星が「刑沖破」となり、他の地支の印星または財星が「合」を成せば、日支の「刑沖破」が優先されるので契約はできない。

❼月運の天干に官星と食傷が「合」になれば

　地支は月運と原局で財星と印星が「合」になれば契約される。

❽月運の天干で印星に出会うと

　地支は月運と原局で財星が「合」になれば契約される。ただし、月支と「合」になり、また時支が「刑沖破」になっても「合」が優先されるので契約される。

時	日	月	年	月運
戊	乙	癸	壬	壬
寅	丑	卯	子	午

上記の四柱は壬午月に契約する。

　理由：月運の天干は印星、地支は年支の印星と子午沖、月支の比劫と午卯破、時支と寅午合で、日支は「刑沖破」がなく、他の地支では刑沖破より「合」が優先だ。午火は午中己土が財星なので、契約される運である。

❾月運の天干で食傷に出会うと

　地支は、月運と原局で、財星と印星が「合」になれば、契約する。

例 1）　男性						
時	日	月	年	年運	月運	月運
癸	丁	癸	庚	癸	癸	甲
卯	未	未	寅	卯	丑	寅

23 年の癸卯年に、年運の地支の印綬（卯木）が月支・日支の
食傷の未土と亥未合で契約する運。23 年 1 月の癸丑月に、月
運の地支の丑土と住んでいる家を意味する原局の地支の未土が
「丑未沖」によって引っ越すことになり、2 月の甲寅月に、数年
間売れなかった家が売買された。

例 2）　女性					
時	日	月	年	年運	月運
壬	戊	丙	己	癸	甲
戌	寅	寅	丑	卯	寅

23 年の癸卯年に、年運の天干の財星（癸水）と日干の戊土が
戊癸合をして、また、原局の印綬である戌の中の丁火と年運の
地支の卯木が卯戌合になったので、契約運がある。23 年 2 月、
月運の甲寅月に、文書を意味する月運の寅の中の丙火と、原局
の時支の戌の中の丁火が寅戌合で家が売買された。

COLUMN ❷

私は金持ちになる（財運がある）四柱なのか？

昔『観相』という映画で首陽大君役の俳優が韓明澮（策士）に「私

は王になる観相か？」と尋ねた。四柱八字と観相は昔から未来学として活用されたはずだが、では王になる観相があれば、王になる八字もあるのだろうか？　王になる八字があれば、金持ちになる八字もあるという話なのか？

　昔は職業の種類が少なかったので、科挙に合格して出世することが最高の出世とされていた。一方、現代社会は職業の種類も数万種類あり、財貨と財物を重視する資本主義社会であるため、四柱推命に興味を持つ人も名誉より財物福を求める人が多い。どちらが正しいか間違っているかは別として、お金が最高だと認められる社会で、私の四柱八字に財物を意味する字があれば、みんな金持ちなのだろうか？では、財物を意味する字がなければ、みんな貧しいのだろうか？

　四柱のカテゴリーは大きく５つあり、a. 組織 b. 仕事 c. 財物 d. 会社 e. 文書だ。このうち、c. 財物を見てみよう。

●金持ちになるための四柱八字の姿

❶調候が整っていること。調候とは四柱上の温度のことだ。暑い夏に生まれても私を涼しくしてくれる文字があったり、寒い冬に生まれても私を暖かくしてくれる文字があれば、生きていくのに支障はない。さらに、私を寒さと暑さから救ってくれる字が財を意味するなら、大金持ちである。

❷調候が悪くて四柱が寒くて震えていたり、暑くて汗を垂れ流しているが、財を意味する字が寒さと暑さの元となる字を苦しめたり、取り除いたりしながら私を助けてくれれば大金持ちである。

❸四柱八字で自分に不利な文字があり、この不利な文字を取り除く文字があれば、その文字を意味する職業群で大きく成功する。

❹四柱八字のカテゴリーには私を含む六親（家族）がいるが、私を助けてくれたり、敵の脅威から私を守ってくれる文字が配偶者宮にあり、財の姿を持っていると、結婚後、大きく発展したり、有能な配偶者に出会う。

❺四柱八字で財の字を持って生まれたが、彼（c. 財）を苦しめる字があるとき、その字を抑えたり和解させる字があれば、また金持ちである。

❻四柱八字で組織を意味する文字（a）が自分に友好的であれば、共同経営で大きく成功する。またその組織の頭である。

❼四柱八字で国内を意味する字が困り者であれば、外国に出て大きく成功する。

❽四柱八字で財を意味する字がないからといって貧しいわけではなく、在庫のない事業（ex. インターネット、賃貸業、飲食業など）を選べばいい。

例）男性			
時	日	月	年
庚	壬	丙	乙
戌	戌	戌	未

　四柱推命は季節学とも言うが、戌月（10月）に大きな川である壬水として生まれた。

　収穫を控えた田畑に黒雲・雷・稲妻の庚金が雨を降らせ、壬水（川の水）を増水させているので、川が氾濫し、穀物が水没して農作業を台無しにするほどである。

　このとき、財と太陽を意味する文字である丙火が雨を止め、土生金で庚金の力を強くしてくれる地支の戌未土を年干の乙木（鍬）が土地を耕し開拓したら、むしろ肥えた土地となった。

　また、地支に戌の中の丁火、未の中の丁火が支蔵干に多く隠れている。壬水にとってはまさにお金の畑のようなもので、大金持ちであることが十分に推測できる。財星の丙火がダメになりかけた農耕を救ってくれた。これは、世界最高のお金持ちの一人であるビル・ゲイツの命式である。

第 5 章

四柱推命 解釈

壬・癸

四柱を早くたやすく見る方法
〔21節〕…壬

甲乙丙丁戊己庚辛壬癸

　壬水は10個の天干のうち9番目の星で、きれいな水を意味し、暑さを和らげる役割を果たす。また、壬水は甲乙木を育てたり、辛金の宝石の存在感を高める役割を果たす。

　雨水であり濁った水である癸水は辛金の宝石を錆びつかせ、丙火の太陽の光を暗くして甲乙木が立派に成長するのを妨げる。

　また、冬を水の季節ともいうが、それは、冬には水を得て生きている万物が活動を停止して、水が増えるからである。これは、冬に水を十分に貯蔵して、来る春に万物を育てるためである。

　壬水はきれいな水を持っている泉を意味し、秋の露とも表現する。露は水に属し、水は秋である申金で長生きするためであり、壬水はどこかに果てしなく流れようとする気質があるからである。活動的で一度目標を決めたら達成しようとする粘り強さと執念があり、職業は小さく単純なものより、海のように広大な深さの学問を研究する分野に適している。

　水は自由に流れる気質があるので、堤防を築いて安定した水になれば、法を守り執行する分野で能力を認められるが、水の流れをコントロールできなければ、法を無視する傾向がある。

壬水：川、海、飲み水

＊＊＊ 壬水のイメージ ＊＊＊

　露、湖、海、旅行。

壬寅：水に落ちた虎、夜明けの虎、ひそやかな風

壬辰：ドジョウ、潜竜、龍が水と出会い万事順調

壬午：水の中に輝く月明かり、暗闇と明るさ、もっともらしくしらを切る。

壬申：ナイフ、武器、潜水艦、麻薬

壬戌：巫女、軍艦

壬子：海、八方美人

＊＊＊ 壬水の性格 ＊＊＊

きれいな水、飲み水、川の水、水分、知。

❶水は流れるべきもので、滞留すると腐る。

❷賢明だが、プライドが高く、人に温情を乞うことができない。

❸臨機応変で融通性があるが、利己的な面がある。旅行や出歩くことが好きで、会う人も多い。

❹一度心を許した人には変わらず義理があるが、一度仲が悪くなると取り返しがつかない。あまりよくしてあげると水は溢れ、さらに湧き上がることもあるので、わがままにふるまう。

❺目標に向かって進んでいく突進的な面がある。

＊＊＊ 壬水の職業と専攻 ＊＊＊

水分、飲料水、旅行、水産、流通、物理、数学・統計、法学、外交、貿易、海洋、養殖、遺伝子分析、水力、原子力、食品栄養、泌尿器科、涙、最終、戦争用品（武器）、葬儀、匂い（香）。

例1）男性			
時	日	月	年
庚	壬	癸	辛
子	子	巳	丑

巳月（5月）、初夏の暑さが始まる時期に、川・海・飲み水を意味す

る壬水として生まれた。夏の川の水なので、一見すると暑さを冷やして
くれるので涼しそうだが、月干の癸水により、夏を通して一日中降る雨
にも該当するので、下手をすると大変なことになりそうだ。

　四柱に水が多く、また時干の庚金である雷電まで押し寄せている。そ
のため、ひっきりなしに降る真夏の小雨で涼しくなるだけでは終わらな
さそうで不吉だ。長く続いた夏の雨に私の希望である月支の巳火（財星）
が、水に濡れて火が消えそうで命が危うい。

　冷たい海の中で一握りの暖かさである巳火が消える直前に、年支の丑土が
巳丑合で巳火の温気をかろうじて蘇生させる。その丑土の気概が素晴らしい。
また、年支の丑土は官星であり、「辛丑」として頭に辛金の宝石を付けてい
る姿から、十分に王冠の重さに耐えられそうで、その名誉が格別であることが
わかる。さらに、日干のきれいな水である壬水が乾かないように、時干の庚金
の揚水機のサポートまで受けている。宝石をきれいに洗い磨く水がいつもたっぷ
りと待機しているので、名誉が高いことがもう一度推測できる。ただ残念なのは、
月干の雨水である癸水が、私も辛金の宝石を磨きたいと目を細めて待っていて、
壬水のきれいな水と辛金の中間で宝石の輝きを雨水で錆びつかせているので、
癸水（他人）の嫉妬、干渉が怖い。

　20 世紀初頭、中国東北 3 省（黒竜江省、吉林省、遼寧省）の最大の
軍閥である張作霖の長男で、父親の死後、満州地域を支配した張学良の
命式である。

　内戦の真っ只中の 1936 年丙子年、私の体面と約束である年干の辛金
を年運の丙火が丙辛合で縛り付けたため、督戦のために西安に来た上官
の蒋介石を逮捕、監禁（←西安事件）して第 2 次国共合作を成し遂げた
が、本人はその後、指揮権を剥奪され、10 年の禁固刑に処せられた。

　1977 年、蒋介石が亡くり、その 2 年後に自宅軟禁が解除され、なん
と 40 年近く閉じ込められて暮らした。もし雨水である癸水がなく、辛
金の宝石を傷つけず、戊己土がいて癸水の雨が降るのを防いだら、癸水
（比劫）の呪いから逃れることができたのではないか…？

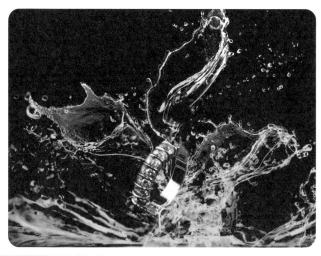

例2) 男性			
時	日	月	年
壬	壬	辛	癸
寅	辰	酉	亥

　酉月（9月）、秋の大河・海・飲み水として生まれた。

　高い山の深い谷から湧き出た泉の水が、河川、川、海へと曲がりくねってたどり着くまで、一度も波風を起こすことなく悠々と流れていく姿である。したがって、親福と子福が絶え間なく、一生涯喉の詰まりで咳をすることは一度もなく無難に生きてきた。

　これは、シンガポール初代首相をはじめ30年間政権を握った李光耀（リ・クワァンユ）の命式である。

　例1）の張學良と四柱の構造が金 - 水で似ているが、一人は名誉は高かったが40年間軟禁生活を送った。例2）の李光耀は生涯富と栄誉を逃さなかった。

　その理由は、張學良は宝石の辛金を磨くたび常に比劫である癸水が邪魔をして不幸だったが、例2）の李光耀は月干の辛金の宝石を洗い磨くとき、時干の壬水（比肩）が、水が不足しないように一生懸命手伝って、一緒に宝石を磨いてくれたので人福が絶えなかったからだ。唯一の欠点

である年干の癸水は、年干で遠く離れているので、ゴロゴロという音が少し聞こえるだけで、その存在を知ることはなく無事だった。

例3)　男性　アナトール・デイブレル

時	日	月	年	大運	年運
庚	壬	癸	癸	丙	戊
戌	辰	亥	亥	辰	寅

　亥月（11月）の烈風が吹き荒れる真冬、北の果てしない海である壬水として生まれた。時干の庚金である雷・稲妻・暗雲まであり、雨風が吹き荒れる殺風景な冬の海なので、人生で名誉が地に落ち、苦難が予想される。でも、必ず死ぬという法則はあるのだろうか？　時支の戌土は秋の孤独な土地であり、戌の中の丁火は焚き火または剣を意味する。果てしなく広い海に浮かぶ孤独で小さな島だが、船を停泊させて泊まる場所があるので、雨風が吹き荒れる暗い夜の海をひたすら漂うよりはましだ。

　四柱の主人公は19世紀のフランスの有名な死刑執行人アナトール・デイブレルで、首をよく切ることで有名で、父親も死刑執行人だった。19歳で最初に死刑執行して以来、約300人の人々の首を切り露に消えさせた。

　時支の戌土は小さな岩礁のような無人島だが、砦であり、生命の源である。ところが丙辰の大運で、大運の地支の辰土が辰戌沖で時支の戌土

を崩した様子である。

　1939年の戊寅年には、年運の地支の寅木が時支の戌土を再び寅戌合して無人島を消滅させてしまったので、翌年の己卯年の初めに、出勤中に地下鉄内で心臓発作を起こし死亡した。

四柱を早くたやすく見る方法
〔22節〕…壬

甲乙丙丁戊己庚辛壬癸

　壬水は天干10字のうち9番目の星で、壬水は甲乙木を太陽である丙火と一緒によく育てたり、辛金の宝石をきれいに洗って磨いて輝かせることが願いであり、そのうちの一つだけ叶っても財物福と名誉が伴う。

　壬水は川、海、飲み水、水分の姿で表現され、特に夏生まれであれば涼しい水を世に供給するので、世に貢献するところが多く人気がある。

❶壬水の隣に甲乙木がある場合

　甲壬○○／○壬乙○

　壬水が甲乙木を育てる姿だ。壬水と甲乙木が合・剋を受けなければ、多くの実がなり、美しい花が咲く条件を備えているので、努力した甲斐がある。この場合、丙火があればさらに良い。しかし、甲乙木が多すぎると、壬水の力が弱くなるので、忙しくなるだけで、仕事が期待通りにうまくいかない。また、甲木に比べ乙木の花は華やかではあるが、秋冬の乙木は、厳しい冬を過ごさなければならないので、健康問題等の老後対策が必要である。

❷壬水の隣に丙火がある場合

丙 壬 ○ ○ ／ ○ 壬 丙 ○

　壬水の川を丙火の太陽が照らすと、お互いにキラキラと反射して存在感を高め合う姿だ。この場合、丙火が合と剋を受けなければ名誉があると解釈する。ここで、甲乙木があれば多くの実がなり、美しい花になることができる条件が揃うので、努力した甲斐があり財物福がある。

❸壬水の隣に丁火がある場合

丁 壬 ○ ○ ／ ○ 壬 丁 ○

　壬水の隣に丁火があれば丁壬合となるので、天干に甲乙木があっても育たず、丙火があっても輝かない。財物福と名誉は平凡である。
　この場合、癸水（比劫）がいて丁火の火を消すと、癸水と関連する分野での財物福はあるが、既婚者と縁がある可能性がある。

❹壬水の隣に戊土がある場合

戊 壬 ○ ○ ／ ○ 壬 戊 ○

　どこかに果てしなく流れようとする放浪癖のある壬水を、戊土は安定した水になるように水の方向を整えてくれる水路の役割をする。
　このとき、戊土が合・剋を受けなければ、政官界など戊土と関連した分野では努力した甲斐があるので、財物福と名誉がある。地支に壬水の根がしっかりしていればさらに良い。

❺壬水の隣に己土がある場合

己 壬 ○ ○ ／ ○ 壬 己 ○

　湿った土である己土によってきれいな水である壬水は汚れた水になるので、自尊心と体面を傷つけ、壬水の名誉である丙火の光を曇らせる。また、財物を意味する甲木と甲己合をして名誉と財物福を弱める形である。このとき、乙木がいて己土を剋してくれれば良いが、壬水が乙木に頼って

しまうと、花である乙木は実がならない。したがって、老後、財産や健康面で苦労する可能性があるので、保険などで備えなければならない。

⑥壬水の隣に庚辛金がある場合

庚 壬 〇 〇 ／ 〇 壬 辛 〇

　夏に生まれたり、天干・地支で火の気運が多く、壬水が蒸発する恐れがある場合、庚辛金は金生水できれいな水である壬水に水を供給してくれる役割をする。よって、金融・建設などの庚辛金に関連する分野で能力を認められる。このとき、戊土と庚辛金が一緒にいれば、戊土は乾燥した土であり、庚辛金はセメントのように丈夫な堤防・ダムを意味するので、法を守り執行する分野の職に就けば、努力の甲斐がある。

⑦壬水の隣に壬癸水がある場合

壬 壬 〇 〇 ／ 〇 壬 癸 〇

　空には雨が降り、地面にはたくさんの水がびしょ濡れになるほど溜まっている様子だ。壬水の存在感と名誉を高めてくれる丙火があっても他人（比劫）である壬癸水が奪い、財を意味する甲乙木があっても実があまりならず、花は枯れて努力した甲斐もないので、財で苦労することがある。特に、雨水である癸水は、きれいな水である壬水と混ざるとさらに濁るので良くない。このとき、戊己土によって壬癸水（比劫）を合・剋すれば、不動産・建設・権力機関を意味する戊己土と関連する分野で努力した甲斐がある。

例1）　男性			
時	日	月	年
辛	壬	庚	甲
亥	辰	午	戌

午月（6月）、初夏に泉水、飲み水、大きな川、海水を意味する壬水

として生まれた。壬水の任務は甲乙木に水分を提供して、多く実がなる
ようにしたり、辛金の宝石をきれいによく洗い磨いて光り輝くようにす
ることである。そうなれば財物福と名誉がある。

　日干の壬水が時干の辛金の宝石をよく磨く姿であるため名誉があると
解釈するが、その名誉の水準（高低）がどれほど高く持続できるかは、
着実にきれいな水が供給され壬水が辛金をよく磨けるかにかかっている。

　上の様子は揚水機を意味する月干の庚金が、いかなる妨害物もない中、
絶えずきれいな水を供給している姿だ。野球の本場であるメジャーリー
グに進出して投打で大きく活躍している野球選手大谷翔平の命式だ。

※月干の庚金（原石）は国内と解釈し、時干の辛金は国外だ。庚金の輝きはもちろんのこと、
時干の辛金（宝石）の光彩がそれよりさらに輝くため、国内よりも海外でもっと輝くこと
ができる。

例2）　男性				
時	日	月	年	年運
乙	壬	辛	辛	丁
巳	戌	丑	巳	亥

　丑月（1月）、寒風が鼻先を凍らせるような寒さ厳しいとき、川・海・
清らかな水の壬水として生まれた。

　壬水の願いは、花や木を立派に育てて実がなるようにしたり、辛金の
宝石をきれいによく洗い輝かせることだ。上の四柱は、洗い磨くべき辛
金の宝石が、年‐月干に山のように積まれているので、親の恩徳が泰山
のように高く、宝石はすなわちお金と同じなので、大金持ちであること
が十分に推測できる。

　時干の乙木は文化・芸術を意味する。東洋放送の理事として入社し、
1987年にSAMSUNGグループの会長になった李健熙（イ・ゴンヒ）の
命式である。

　2007年の丁亥年、年運の地支の亥水が年支・時支の巳火を巳亥沖
で攻撃し、仕事・業務を意味する時干の乙木（食傷）が崩れるので、

SAMSUNGの不正資金暴露事件で会長職を辞任した。

　丑月（1月）、寒い真冬に壬水の川が厳しい風で凍っているとき、年支・時支に巳火の熱気である財星が凍った川を溶かしてくれる。四柱でお金が自身の悩み、心配を和らげる役割を果たすので、大金持ちになる道以外ない。四柱の原局で庚辛金の宝石が良い役割をする構造であれば、大金持ちになる命運だ。ただ壬水である自身に山のように積まれている辛金の宝石を洗うための水が不足しているので、やや残念な状況で、長生きできなかったのはそのためだったと言えるだろう。揚水機を意味する庚金があり、壬水を助けてくれたら、父を超え、その名声と財の終わりを知ることはなかったのに…。

| 例3）　男性 | | | | | |
時	日	月	年	大運	年運
壬	壬	戊	乙	乙	戊
寅	戌	寅	未	亥	戌

　寅月（2月）、春を待ち望む川・海・清らかな水である壬水として生まれた。壬水の願いは、甲乙木を立派に育てて多くの実がなるようにし、美しい花で人々を楽しませることである。

　月干の戊土は高い山であり、年干の乙木は野花だ。乙木の花が戊土の

高い山の隣にあれば、山の中で育つ草花のなので、訪れる人が少ないが、孤独を楽しんだり、祈り、修行する人である。したがって、精神的な分野に関心が多いか、宗教家である。乙木の花が官星である戊土のせいで孤独になってしまったので、官星が恨まれ、まともな学業を続けられなかったが、精神的な分野には見識があり、大規模な宗教集団の教祖となった。オウム真理教の教祖麻原彰晃の命式である。

　官星は国家機関（警察署、裁判所など）であり、恐ろしい存在なので誰もが避けようとする。ところが、1995年の乙亥年、年運の天干の乙木が恐れることなく原局の月干の戊土（官星）を木剋土で衝撃を与え、予想外の一撃に驚いた戊土が突拍子もなく日干の壬水を土剋水で攻撃した。その上、年運の地支の亥水が原局の年支の未土と亥未合木局で群れ、日支の戊土（官星）を木剋土で再び攻撃し、地下鉄の毒ガス散布で多数の人的被害をもたらした。

　2018年戊戌年、年運の地支の戌土（官星）が原局の年支の未土と日支の戊土を戌未刑でまた官星を刺激して興奮させ、月支の寅木と寅戌合となって消えるので、死刑執行により亡くなった。

四柱を早くたやすく見る方法
〔23節〕…癸

甲乙丙丁戊己庚辛壬 癸

　癸水は10個の天干のうち最後の星で、雨水と湧き水を意味し、雨水は万物をきれいに洗い流す役割をするので、見えないところで奉仕することを意味する。

また、天干の最後の文字である癸水は死と悲しみを内包しているが、大運で癸水と出会うとこのようなことが起こる可能性がある。

癸水：雨、雲、水分、飲み物

＊＊＊ 癸水の性格 ＊＊＊

空から降る雨、濁水、水分、知。

❶賢明で聡明だが、自尊心が高く人に温情を乞う言葉が言えない。人に負けるのが嫌い。一度すねたら根に持つ。

❷一度心を許した人への信頼は変わらない。

❸生死の分かれ道、最後、死を意味し、一人でいることを好む。

❹うつ病や気まぐれなど、心の浮き沈みが激しい。もめ事が多く、悪口を言われることもある。

＊＊＊ 癸水の職業と専攻 ＊＊＊

水分、飲料水、旅行、水産業、流通、物理学、数学、統計学、法学、外交、貿易、海洋、養殖業、遺伝子、水資源開発、食品栄養、泌尿器科、デザイン、権力機関。

例1）男性					
時	日	月	年	大運	年運
癸	癸	辛	乙	辛	壬
丑	卯	巳	丑	未	寅

巳月（5月）に生まれたきれいな水である癸水だ。日干の癸水として生まれたなら、きれいな水・水分であり、日干以外の癸水は雨水・濁水で表現する。

これから暑くなり始める夏の初めの涼しい水なので、喉が渇いた人が訪れ、人気があり、重宝がられる人だ。

日干の癸水の願いは丙火の太陽と共に、乙木の花を美しく育てて人々を喜ばせることだ。しかし、花が辛金の刃と雹・霜で消えてしまえば見苦しい人生となる。年干の乙木の花は文化・芸術・体育、外国、放送・芸能などを意味するが、雹・霜、雲、刃を意味する月干の辛金が乙木の花を成長させないように脅かすので、花が危うく見える。幸いなことに、日干の癸水の依頼を受けた時干の癸水が月干の辛金を誘惑して金生水・水生木に導いてくれたので、むしろ乙木の花がより良くなった。癸水と月干の辛金はお互いに共生関係なので、頼まれると断れず、よく聞いてくれる。

　時干の癸水は雨水・濁水だが、空から降る雨で表現して外国・放浪を意味することもあり、その場合外国または故郷を離れて放浪することを指す。これは、「全国のど自慢」MC として一生涯全国を回り、国民の愛を一身に受けたコメディアン、宋海（ソン・ヘ）の命式である。

　94 歳の辛未の大運、原局にはあるが、これまで現れなかった大運の天干の辛金が、相剋である乙木を「乙辛沖」で打っていて、大運の地支の未土は「丑未沖」で乙木の根本を折ってしまった。さらに 2022 年の壬寅年、年運の地支の寅木が「寅巳刑」で原局の地支の巳火に衝撃を与え、他の新しい活動と変化を強制すると、98 歳の老人がそれに耐えられず死亡した。

時	日	月	年	大運
例2）男性				
乙	癸	辛	丙	丙
卯	亥	丑	子	午

　丑月（1月）、冬将軍が猛威を振るう真冬に冷たい水である癸水として生まれた。日干の癸水の願いは、時干の乙木である花を丙火の太陽と共に美しく育てて人々を楽しませることで、その姿を成し遂げると財物福と名誉が伴う。しかし、年干の丙火の太陽は月干の辛金（雲・雹・霜・剣）が丙辛合して太陽の光が遮られたので、乙木の花がうまく育たず、凍土の花になった。

　時干の乙木の花は文化・芸術・体育・観光・外国を意味する。よって、詩・書・画のすべてに素質がある。詩人・画家・書家・政治家として大きく名を馳せた、唐宋八大家の一人である蘇軾（そしょく）の命式である。

　月干の辛金の雲が太陽の光を遮って暗く、花がよく育たない環境であったため、持っている才能に比して出世することができなかった。

　47歳の丙午の大運に、大運の天干の丙火が上記四柱の最大の悩みである辛金（雲、雹・霜、剣）を丙辛合で結んで取り除くと、初めて原局の丙火（太陽）が大きく照らし、美しい虹が現れた。それで、6年間の流刑生活から戻り、昇進に昇進を重ね、漢林学士にまで達した。

※四柱に心配を意味する文字があるのだが、それ（心配）を取り除いてくれる文字があれば、むしろ禍が福となり、さらに出世し、それに関連する分野で名誉と財を得ることになる。しかし、心配事がある文字がまったくなければ、人生は平凡である。

　地支がすべて亥子丑水局で水浸しとなり、日干の癸水の心配（辛金＝雲）をまったく和らげられないのは比劫の害悪であるため、姉3人が早く亡くなり、また、周りの同僚から嫉妬をたくさん受けた。

　四柱に配偶者を意味する遠くの年干の丙火（財星）は、丙辛合で一人ぽつんと浮かんでおり、配偶者に対する懐かしさが身に染みる姿なので、配偶者と早く死別した。

四柱を早くたやすく見る方法〔24節〕…癸

甲 乙 丙 丁 戊 己 庚 辛 壬 癸

癸水は10個の天干のうち最後の10番目の星で雨水と湧き水を意味し、暑いときには暑さを和らげる役割をする。

水は勝手に流れようとする気質があるので堤防を築いて安定した水にすれば、法を守り執行する分野で能力を認められる。しかし、水の流れをコントロールできなければ法律を無視する傾向がある。

＊＊＊ 癸水の形状 ＊＊＊

雨、霧、水蒸気、慈悲の心、涙、最後。

癸卯：言葉の器用さ、蓮根、芹

癸巳：海底トンネル、消防士、消防車、魚介類、酒類業

癸未：恵みの雨、乾いた土地を潤す、農業用水

癸酉：水に濡れた鶏、注射

癸亥：果てしなく広い海、好奇心

癸丑：冬の牛、暇、裏金

❶癸水の隣に甲乙木がある場合

甲 癸 ○ ○ ／ ○ 癸 乙 ○

癸水が甲乙木を育てる姿として、癸水と甲乙木が合・剋を受けなければ、多くの実がなり、美しい花になることができる条件となる。

この場合、丙火があればさらに良いが、甲乙木が多すぎると忙しくなるだけで、思ったより仕事がうまくいかない。また、甲木に比べ乙

木は花が咲くときは華やかだが、散ってしまうと実がないと解釈されるので、老後対策が必要だ。

❷癸水の隣に丙火がある場合

丙 癸 ○ ○ ／ ○ 癸 丙 ○

丙火は癸水を輝かせようとするが、雲である癸水は丙火の輝きを曇らせるので、目先の利益に執着し、体面とプライドを捨てる行動をしやすい。

したがって、癸水と丙火は離れていた方が良い。また、離れていながら、丙火が合・剋を受けなければ名誉がある。甲乙木がなければやりたい意欲は溢れているが、育てたい対象がないので財物福は平凡である。

❸癸水の隣に丁火がある場合

丁 癸 ○ ○ ／ ○ 癸 丁 ○

癸水は財星である丁火を剋するので、財物によって苦労することがある。このとき、戊己土や甲乙木があり、癸水を合・剋したり、洩気して丁火を保護すれば財物福がある。

特に冷たい水である癸水の隣に丁火があると、温められた水と解釈して、温かい水が必要な冬には人情があり、生まれながらの財物福があるので良い。しかし、夏には温められた水を求める人があまりいないので、孤独な人生になることがある。

このとき、壬癸水（比劫）で丁火を合・剋をすると、壬癸水と関連した分野で能力を認められるが、既婚者との縁がある可能がある。

❹癸水の隣に戊土がある場合

戊 癸 ○ ○ ／ ○ 癸 戊 ○

空から降る雨水である癸水は、地上では勝手に流れようとする気質がある。このようなとき、戊土は癸水が安定的に流れるように水をコントロールする役割を果たすので、戊土に関連する分野に従事すれば

能力を認められる。したがって、財物福は良いが名誉は平凡である。

❺癸水の隣に己土がある場合

己 癸 ○ ○ ／ ○ 癸 己 ○

　湿った土である己土によって癸水は泥水になるので、体面と自尊
心を傷つけられることがある。自分がそのようなことを受けなけれ
ば、本人が意図していなくても他人にそのような行動をする。また、
己土は癸水の名誉である丙火の輝きを曇らせ、財物である甲木と甲
己合をし、名誉と財物福を落とす。このとき、乙木がいて己土を剋
すれば、乙木に関連する分野で能力を認められるので、財物福と名
誉がある。しかし、癸水が乙木を使うと老後、財物や健康面で苦労
する可能性があるので準備が必要である。

❻癸水の隣に庚辛金がある場合

庚 癸 ○ ○ ／ ○ 癸 辛 ○

　夏に生まれ、天干と地支で火の気運が多く癸水が蒸発する恐れが
ある場合、庚辛金は金生水で癸水に水を供給してくれる役割をする。
よって、建設や機械、医療、金融などの庚辛金に関連する分野で能
力が認められる。このとき、戊土と庚辛金が一緒にあると、丈夫な
堤防を意味するので、職業は法を守り執行する職業（戊土）を選べ
ば努力した甲斐がある。

❼癸水の隣に壬癸水がある場合

壬 癸 ○ ○ ／ ○ 癸 癸 ○

　空には雨が降り、地面には多くの水がたくさん溜まっている姿だ。
癸水の存在感を高めてくれる丙火があっても壬癸水が持って行って
しまい、財物福を意味する甲乙木があっても実がうまくつかず、花
や木は枯れた姿だ。したがって、努力した甲斐がないので、財産で

苦労することがある。このとき、戊己土がいて壬癸水（比劫）を合・剋をすれば、不動産、建築、権力機関など戊己土と関連した分野で努力した甲斐がある。

例1）男性					
時	日	月	年	大運	大運
壬	癸	癸	丙	戊	庚
子	未	巳	申	戌	子

巳月（5月）、本格的な夏が始まる前、涼しい水を持って生まれたので、人に好かれ、呼んでくれる所が多く、重宝され、心優しい。

日干の癸水にとって丙火は私を照らしてくれる存在なので名誉に該当する。父母宮である月干の癸水が名誉である丙火を持っているので、親の徳が非常に大きく遺産を数億円も相続した。

しかし、丙火は月干の癸水のものであって私のものではない。そのため、その多くの遺産を兄弟である癸水（比劫）に奪われ、一生を気楽に生きることができない。

むしろ、最初から数億円の財産を兄弟で均等に分けていれば、兄弟がこっそり後ろから持って逃げることはなかったのに…。四柱に定められた姿を勝手に変えるのは難しいことなのだろう。

戊戌の大運には大運の戊土の高い山が、月干の癸水（雨）を戊癸合で取り除いた。また、大運の地支の戊土は戌の中に丁火があり、火を含んでいる土地である。したがって、年干の丙火（太陽）の力になってくれるので、流通業で大金を集めて再興することができた。

しかし、これから来る庚子の大運は、天干の庚金が雷・稲妻・暗雲なので、再び太陽の光を遮って暗くなる。だから、やっていた事業をやめて会社員として生きるか、今まで集めた財産で山に入って暮らすのはどうだろうか？

※実際に四柱の主人公は口癖のように山に入って暮らしたいと言っている。

例 2）　女性					
時	日	月	年	大運	年運
辛	癸	甲	甲	庚	戊
酉	亥	戌	午	午	戌

　戌月（10 月）、深まる秋に水分、飲み物、きれいな水である癸水として生まれた。癸水の任務は太陽の丙火と一緒に甲木を立派に育てて実がなるようにすることだが、年干・月干の秋の木である甲木は枯れた木で、実がなることはなく、庚金の斧もないので木材として使うのも難しい。

　仕方なく時干の辛金をきれいに磨いて市場（外）に出して売ると、辛金の宝石の輝きに人々は熱狂した。

　ただ、宝石を洗うためには、安定的にきれいな水が供給されなければならないが、水を汲み上げるポンプのような存在である庚金が庚午の大運で 38 歳になってから入ってきたので、芸能人の全盛期にしてはやや遅い感がある。

　中華圏最高のスターとして君臨し、王祖賢（ジョイ・ウォン）、張曼玉（マギー・チャン）と共に香港映画の全盛期をリードした林青霞（ブリジット・リン）の命式である。代表作には『スウォーズマン / 女神伝説の章』『キラーウルフ / 白髪魔女伝』がある。

1994年の甲戌年、日支の配偶者宮の亥の中の甲木が年運の天干に透干となったので、その年に香港のアパレル企業の財閥の男性と結婚した。

　ところが2018年戊戌年に、日干の癸水と年運の天干の官星（戊土）との戊癸合は、新しい男性との結婚を意味するが、私はすでに夫がいる状態なので、夫の不倫で離婚の印を押すことになった。当時、夫から300億円に近い慰謝料を受け取って話題になったが、別れるその瞬間まで、日支の配偶者宮である亥の中の壬水が時干の辛金の宝石を洗って輝かせてくれたので、配偶者福（慰謝料約300億円）がすごいのだ。

申月（8 月）の晩夏に、丙火の太陽として生まれた。

太陽を意味する日干の丙火が最も嫌うのは、雲を意味する辛金と雨を意味する癸水であり、その理由は太陽の輝きを遮ってしまうからだ。この命式は、年干の辛金（雲）が日干の丙火を丙辛合して太陽の輝きを遮り、身動きできないようにしている。

このとき、身動きできないようにしようとする年干の辛金を月干の丙火がもう一つの丙辛合として丙辛合を解く役割を果たしてくれるので、月干の丙火の功徳が大きい。※合は合で解き、沖は沖で解く。

丙火は文化・芸術、体育、放送・芸能、外国などを意味する。ドラマ『冬のソナタ』の「カン・ジュンサン（チュンサン）」役で日本でも大きな人気を博した韓国芸能人ペ・ヨンジュンの命式である。

（※四柱を早くたやすく見る方法［7・8 節］丙火参照）

ただ、年干の辛金が丙辛合で丙火の日光を遮ろうとするのを、月干の丙火が丙辛合で防いでくれたが、本人（日干）も丙辛合をしようとする姿もあってそれ自体は仕方がない。よって、功徳を享受すると同時に代償を払わなければならない。

そのため、少年時代にテコンドーの試合中に目を負傷して視力がひどく悪くなった。また、父親の事業失敗により家計が苦しかった。さらに、希望する大学に二度落ち、30 歳近くになってから大学に進学することができた。

月干の丙火の意地悪はここで終わらず、財星である辛金（私の女）を月干の丙火（比劫）と日干の丙火が、互いに丙辛合で争う様子なので、乙未年、40 代半ばになってからようやく結婚した。

時	日	月	年
甲	丙	辛	壬
午	午	亥	子

例2）男性

　亥月（11月）、初冬の丙火の太陽として生まれた。

　夏の太陽である丙火と雲である辛金の丙辛合は、「雲が太陽の輝き
を遮った」、または「辛金が太陽熱で溶けてしまった」と解釈する。

　逆に**冬**の太陽は地面から遠く離れていてその熱気が弱いので、辛
金を溶かすことはできず、むしろお互いに光を反射してさらに輝か
せてくれる。だから、その人気と名誉はより長く続くことができる
と判断する。丙火と辛金は、年干と日干の関係のように遠く離れて、
持続的に互いを輝かせているのが一番美しい姿だ。

　上記の命式は、冬の丙火と辛金が日干と月干の関係でぴったりと
くっついているのが少し残念ではあるが、お互いを見つめ合いなが
らキラキラと輝く姿なので良い光景である。

　また、丙火と辛金、そして壬水が適切な調和（構成）を成し遂げ
たので、文化・芸術、放送・芸能、政治などを選べば大きく成功す
る条件を備えていると見ることができ、さらに年干の壬水（川）が

辛金の宝石をさらに輝くように絶えず磨いてくれるので、さすが一流芸能人である。

　ドラマ『美しき日々』で俳優として名を馳せ、歌手としても昇りつめ、活発に活動しているリュ・シウォンの命式だ。

　上記の命式で日支の午火は配偶者宮として、時支の午火と午午刑で互いに反目するので、夫婦の仲が悪くなる可能性があることを意味し、結局結婚して 1 年 6 ヶ月で破局に至った。

　別の見方として、年干の壬水の立場から見ると、配偶者である午火が 2 人なので、リュ・シウォンの命式だけで判断すると 2 回結婚する四柱である。

　午午は馬二頭が引く双頭馬車が鼻息を吐きながら猛烈に疾走する姿なので、レーサーとしても活躍している。

例 3)　男性			
時	日	月	年
癸	乙	甲	戊
未	巳	子	辰

子月（12 月）、寒い真冬に人を喜ばせるための花を意味する乙木

として生まれた。

　子月の真冬の花はストーブのあるビニールハウスで暖かく育ててこそ貴いものとなるが、ビニールハウスはおろか、時干の癸水の雪雨を丸ごと浴びているので乙木の花が可哀想だ。このとき、年干の大山である戊土（財星）が雪の雨を意味する癸水を戊癸合で結んで制圧し、風を防ぎ除湿したので、乙木はかえって九死に一生を得た。また、財星が助けてくれたので大金持ちになれる。

　動画ストリーミングサービス Netflix のドラマ『梨泰院クラス』がテレビ朝日の『六本木クラス』としてリメイクされるほど成功し、日本で大きな人気を博している韓国人俳優パク・ソジュンの命式である。ただ、生まれつき四柱の原局で親・兄弟を意味する月干の甲木（比劫）が私の用神である年干の戊土を、木剋土で剋をしながら殴っているので、必ず生きているうちに一度はそのような苦難を経験しなければならない。

　そのような苦難とは、お金のために大変な生活と官災（病院、警察署、裁判所に行くことなど）を意味するが、幼少期に父親の事業失敗で家運が大きく傾いた。

　また、2008 年の戊子年に清州女子刑務所で警備教導隊として 2 年近く兵役を履行した。これは、自分の意志とは関係なく、甲木の凶悪さを職業として最も立派に治めたようなものである。

※四柱の原局でこのように必ず官災を経験しなければならない構造であれば、高い空から飛行機に乗って下を見下ろしたとき、刑務所にいる人の中で誰が看守か誰が囚人か、または病院にいる人の中で誰が医者か誰が患者かよく区別できないように、四柱の原局はこのように職業代替が可能である。

　パク・ソジュンが刑務所で兵役をしたとき、「あの人たちが閉じ込められているのか、私が閉じ込められているのか区別がつかないと感じた」と言ったのと同じ理屈である。

もし、彼が父親の事業失敗で経済的に厳しい時期を過ごさず、たまたま刑務所警備隊に配属されて勤務していなければ、私たちが知っている今日の華やかなパク・ソジュンの姿を見るのは難しかっただろう。

　珍しいのは、時干の癸水は雪雨、水分、飲料水を意味し、年干の戊土は財星でお金を意味するが、この二つが互いに戊癸合を成して水と山が手を取り合って和解している姿なので、水がお金を運んでくれると解釈することができる。

　梨泰院クラスの劇中の居酒屋の店主役だけでなく、ネスレのコーヒー、ロッテチルソン飲料のサイダーやビール、ハイトの焼酎やビール、貢茶、ソウル牛乳のヨーグルト、東西食品のコーヒーミックス、ウンジンの浄水器、SK マジックの浄水器、農心の白山水など、パク・ソジュンが特にコーヒー、ミネラルウォーター、酒類など水と関連した広告を多く撮ったのは単なる偶然とは言えない。

　私の配偶者星である財星（戊土）が他人・他の男性を意味する比劫（甲木）とより近くくっついて、剋を受けているので晩婚が良い。

【引用文献】本文の天干論出典：賢明 命理研究員（著者 賢明）の天干地支論一部引用抜粋

日本で出版することになった著者の思い

　韓国の場合、一般人から見ると巫俗（巫堂）と四柱推命とが区別がつかないほど非常に混在しており、四柱推命が迷信として扱われることが多いです。四柱推命学を長く勉強してきた人も、自分の理論だけが正しいと主張し、実際の現場では合わないことが多々あるので、真面目に学ぼうとする人も、どれが正しいのか見分けるのが難しいのが現実です。

　そこで、四柱推命に対するいかなる偏見もない日本で、一般の読者が本書に触れ、最も簡単かつ迅速に四柱推命学を習得する一助となればと思います。

＊＊＊

　理論が膨大で、歴史も非常に長い四柱推命学をこの一冊の本で仕上げることはできませんが、先の見えない暗い巨大な学問の海の前で、荒波と戦いながらどこへ進むべきかさまよう多くの学習者の一筋の光となり、消えない炎のように黙々と方向を示し、闇を打ち負かす灯台になることを喜んで受け入れ、精進します。

チョン・ヨンハ

鄭　鏞　河

　　大韓民国生まれ、在住。普通の銀行員として過ごしていたある日、突然の事故や災害で命を落としたり、出世街道を走っていたのに、あっという間に破産してしまう人たちを見て、"運命とは果たして存在するのだろうか？"という疑問を持つようになり、それから四柱推命学を勉強し始めた。多くの人が四柱推命学に入門するが、古書と理論だけに埋もれて10年以上勉強しても四柱推命の解釈ができずに年月を過ごすことに哀れを感じ、老若男女誰でも簡単かつ迅速に四柱推命を解釈できる方法を研究し、悩んだ末に本を出版することになった。2023年に「四柱推命を早くよく見る方法」の電子書籍シリーズ1、2巻を出版し、教保文庫など韓国の大型書店でかなりの期間、人気1、2位に並んだ。鑑定者は2万人以上。

韓流 四柱推命
超解釈! 選択を迷わない人生の読み解き方

2024年4月24日　初版第1刷

著　者　チョン・ヨンハ（鄭鏞河）
発行人　松崎義行
発　行　みらいパブリッシング
〒166-0003 東京都杉並区高円寺南4-26-12 福丸ビル6階
TEL 03-5913-8611　FAX 03-5913-8011
https://miraipub.jp　MAIL info@miraipub.jp
編　集　塚原久美
ブックデザイン　北澤眞人（ORANGE SQUEEZE DESIGN）
発　売　星雲社（共同出版社・流通責任出版社）
〒112-0005 東京都文京区水道1-3-30
TEL 03-3868-3275　FAX 03-3868-6588
印刷・製本　株式会社上野印刷所